培根铸魂育梁才

——小学思想政治教育探索与实践

李祖华 主编

天津社会科学院出版社

图书在版编目（CIP）数据

培根铸魂育梁才：小学思想政治教育探索与实践 /
李祖华主编. --天津：天津社会科学院出版社，2021. 8
ISBN 978-7-5563-0756-2

Ⅰ. ①培… Ⅱ. ①李… Ⅲ. ①政治课－教学研究－小
学 Ⅳ. ①G623. 102

中国版本图书馆 CIP 数据核字（2021）第 171715 号

培根铸魂育梁才：小学思想政治教育探索与实践
PEIGEN ZHUHUN YULIANGCAI：XIAOXUE SIXIANG ZHENGZHI JIAOYU
TANSUO YU SHIJIAN

出 版 发 行：天津社会科学院出版社
地　　　址：天津市南开区迎水道 7 号
邮　　　编：300191
电话 / 传真：(022) 23360165（总编室）
　　　　　　(022) 23075303（发行科）
网　　　址：www. tass-tj. org. cn
印　　　刷：英格拉姆印刷(固安)有限公司

开　　　本：787×1092 毫米　1/16
印　　　张：16. 25
字　　　数：240 千字
版　　　次：2021 年 8 月第 1 版　2021 年 8 月第 1 次印刷
定　　　价：68. 00 元

序

　　青少年是祖国的未来、民族的希望。把下一代教育好、培养好,从学校抓起、从娃娃抓起。在大中小学循序渐进、螺旋上升地开设思想政治理论课非常必要,是培养一代又一代社会主义建设者和接班人的重要保障。思想政治教育是落实立德树人根本任务的关键,是全面贯彻党的教育方针,解决好培养什么人、怎样培养人、为谁培养人这个根本问题的根基。用新时代中国特色社会主义思想铸魂育人,引导学生增强中国特色社会主义道路自信、理论自信、制度自信、文化自信,厚植爱国主义情怀,把爱国情、强国志、报国行自觉融入坚持和发展中国特色社会主义事业、建设社会主义现代化强国、实现中华民族伟大复兴的奋斗之中。思政教育作用不可替代。

　　多年来,为弘扬爱国主义精神,传承革命传统,天津市西青区实验小学成立了学生思政教育领导小组,把思政教育摆到学校立德树人首要位置,列入学校重要议事日程,科学制定并组织实施思政教育活动计划,各相关部门积极参与、分工负责,建立起责任明确、领导有力、运转有序、保障到位的工作体系。党员干部教师率先把培养社会主义接班人作为一种人生追求、一种职业责任、一种生活时尚。榜样示范,精读细读,学思结合,学以致用,努力引导学生积极向上。学校还开设思政教育阅读区,布置校园环境,以宣传栏、黑板报、标语牌等宣传阵地,形式多样地营造浓厚的思政教育氛围。

　　在开展思政教育活动过程中,学校坚持以赓续红色教育基因活动为引领,开展学生思政教育,着眼于引导学生走近红色历史、了解时代、热爱祖国,按照"突出文化主线、着眼启迪心灵、重在红色育人、贵在持之以恒"的总体思路，坚持"传播红色主流、丰富校园文化、培育学校精神、提升学生素养"的基本原则，面向全体师生，有序组织、强力推进，努力拓宽活动的参与面，增强了活动的思想性、广泛性和持续性。不仅为师生鼓足了精气神，也成了学校思政教育一道靓丽的校园文化风景。

为了丰富学校思政教育宝库，搭建教育研究成果交流平台，本着倡导学习、经验互通、成果共享的目的，《培根铸魂育梁才——小学思想政治教育探索与实践》一书，展示学校干部、教师的思政教育研究成果，以及撰写的教育经验、教学论文、研究报告、教育实践推动学校现代思政教育改革与实践向纵深推进。该书是学校开展思政教育的力作，凝结了学校党员干部锐意创新，敢为人先之志；凝结了教师聪睿的才智，艰辛的劳动；也凝结了学生孜孜以求，努力向上的精神。该书是多年来学校坚持全面育人、合力育人、开展教育新探索的可喜结晶。由于水平有限，其中不乏疏漏，请大家帮助指正。

李祖华

2021 年 6 月

目　　录

第二编　设计思政课堂有效教学——思政案例篇

第三编　开展生动活泼教育活动——思政活动篇

第四编　教育感动伴随师生成长——思政叙事篇

第五编　探索思政渗透教育研究——研究成果篇

序编

扣好人生第一粒扣子

不忘教育初心，牢记党的使命

——以党建工作推动学校创新发展

李祖华

　　学校教育担负着培养德智体美劳全面发展的社会主义建设者和接班人的重要使命。加强学校党建工作，对于全面贯彻党的教育方针、推进基础教育改革发展、落实立德树人根本任务、办好人民满意的教育，具有重要意义。学校深入学习贯彻党的十九大精神，在《关于加强中小学校党的建设工作的意见》的指导下，全面落实从严治党工作要求，紧紧围绕党建"服务中心、建设队伍"两大核心任务，不断创新党建工作方式，充分发挥党组织的政治核心作用和战斗堡垒作用，加强思想建设和师德建设，以党建促教师队伍的建设，以党建促教育教学质量的提升，以党建促学校特色文化的形成，更好地践行了"教育强国"的教育价值，让党建成为学校立德树人的"红色引擎"。

一、发挥党组织政治核心作用，以师德建设树口碑创品牌

　　学校是教育事业的重要组成部分，肩负着"科教兴国战略"和"人才强国战略"的使命，承担者为社会输送德智体美劳全面发展的社会主义建设者和接班人的职能。在学校教育中，重视并加强党建，以党建来引领和夯实育人，是学校的本质要求。抓党建和抓育人目标从价值取向上看是一致的，都是以"教育强国"共圆"复兴梦"。

"师者,所以传道授业解惑者也。"教书育人是一名优秀教师的首要工作任务。我国颁布诸多关于教师职业道德和党员廉洁自律等的法律,党和社会对党员教师提出了更高的要求。学校应该把学风建设与师德建设相结合,利用党风建设更好地促进师德师风建设,通过思想引领,让教师队伍永葆社会主义教育者的本色。为更好地发挥党组织的政治核心作用,学校建立每月一次的党支部扩大会、党政联席办公会机制,就学校人、财、物等重大事项统筹管理、规范管理、民主管理,实现党政工作同部署、同安排。定期组织党员、教职工代表等听取校长工作报告和重大事项情况通报,充分发挥各方面在参与学校民主管理的积极作用。

要培养优秀的学生,首先要有优秀的教师队伍。为建设一支业务精湛、师德高尚的高素质教师队伍,学校既注重师德底线的教育和严守,又注重优秀教师师德事迹的宣传学习。每学期开展"点赞幸福的奋斗者"、每年评选"最美教师"等活动,将师德建设抓在日常、严在经常、融入平常,坚持挺纪在前。以优秀教师的感人事迹彰显师德内涵,用榜样的力量引领、激励广大教师树立高尚的道德情操和精神追求,做好教书育人的本职工作。

同时,注重提升教师的专业素养,学校以"教师专业发展学校"为抓手,促进党员教师专业化素养的提升发展。通过育人讲堂、教师论坛、读书沙龙、课题研究、师徒结对、考察调研、网络交流等形式,把学习、研究、实践有机结合起来,促进教师和学校的可持续发展。让党员在教师中间做好示范,让教师在党员身边加深体验,使党员教师成为教育教学的骨干和领头人,促进学校教育教学工作更好地发展,不断增强党的凝聚力、教师的向心力、党群的粘合力。

二、发挥党组织战斗堡垒作用,高水平落实学校中心工作

学校的中心工作是教育教学工作,党建工作最根本的目的就是为教育教学工作提供思想理论依据和动力保障,是学校内涵特色发展的政治保障,保证党的教育方针政策的贯彻落实。

将党建工作与教育教学密切结合,使党建成为促进学校、教师和学生发

展的核心引擎,是提升党建效能的有力表现。党建工作要与中心工作紧密结合,才能真正发挥出党组织的战斗堡垒作用。在学校达标建设、提升改造等重大工作面前,实验小学党支部与行政一力承担,做好干部教师的思想工作,帮助协调安排、检查督促,确保各项工作的落实。

建立健全学校管理制度是学校良好发展的保障。为推动学校创新发展,学校多次改革管理办法,以管理实效作为第一改革标准,在新设立、新启用、综合性强的岗位上,都是党员教师冲锋在前,担当重任。无论是在学校的管理还是在教育教学的工作中,党员都走在队伍的最前面,带领其他教师以及群众积极做事。实验小学在党员中设立爱心奉献岗、科研先锋岗、社会服务岗、青年党员锻炼岗等,让党员教师感受到自己的使命与责任,从而带动其他教师不断进步,让教育教学工作向良好的方向前行,全方位树立党员教师良好的社会形象。

党支部充分发挥对学校意识形态工作的主导权,加强对师生社会主义核心价值观和中华优秀传统文化教育。融汇党建文化,以党建为统领,探索党建文化与校园文化"一体化"建设,推进学校党建文化与校园文化同频共振、共同发展。将创建文明城区工作融入学校的校园文化建设中,将校园环境打造成党员、教师、学生理想信念的教育阵地。学校还以年画文化为载体,凝聚家、校、社会三方育人合力,传承中华优秀传统文化。

学校先后被评为全国巾帼文明岗、天津市文明校园、天津市教育系统思想政治工作先进集体、天津市未成年人思想道德建设工作先进单位,党支部荣获西青区先进党组织、西青区五好党支部等称号,这一切成绩的取得无不体现着发挥党组织战斗堡垒作用的重要性。

三、创新党建工作方式,筑牢思想建设根基

发展是硬道理,党建是硬保障。党建工作是学校思想的灵魂,指引着学校向正确的方向前行。面对新时代的教育形势,学校领航工作创新,充分发挥党支部的政治核心作用,坚持以立德树人为核心,实现党支部牵头统领全局、科学设计、系统谋划、创新发展,不断提升党建工作水平,从而真正实现学

校的高质量发展。

坚持"学、论、悟",引领党员认真学习。支部建设是党的基本建设。抓紧严格落实"三会一课"制度一条主线,形成围绕中心抓党建、抓好党建促发展一种模式,实现党建阵地建设规范化、组织生活常态化、工作目标体系化、管理服务精细化、支部建设标准化。党支部坚持把真学深学作为抓手,强化党员带着问题学、结合实际议、看齐榜样悟。并采取多种学习方式:一是建立"微信群"发布微党课;二是办好"微专栏"编辑微简报;三是创建"微信公众号",推送微宣传,学思践悟,强化党员意识。

坚持"三个领航",树立党员先锋形象。一是党支部坚守核心责任,领航学校发展;二是党员干部树立"向我看齐"意识,领航学校管理水平提升;三是党员教师在"履职尽责、关爱学生、为人师表、终身学习、严于律己"五个方面做出承诺,领航学校教育教学水平提高。在这个价值取向多元的时代,一个有坚定理想信念的"四有"好老师,才能引导学生抵御不良诱惑而系好"人生的第一粒扣子"。

坚持"三个规范",巩固党建教育成果。一是规范党建工作。健全党建工作制度,强化外力保障。二是规范教师行为。并以运用实施"四种形态"为保障,强化言行一致。三是规范社会监督。党支部通过建立校长热线、校长信箱,成立家长委员会、举办家长开放日,随时接受服务对象和社会监督。

坚持党员积分制管理,发挥党支部在党员管理中的主体作用。建立完善的积分运行机制,把党员工作成效作为加分项,把工作作风、服务效能中存在的问题作为减分项,通过党支部对党员进行积分登记,对党员的要求落细、落小、落实,形成可操作、易考评的科学考核评价体系。

回首过往,展望未来。学校将始终坚持抓党建带队伍,强队伍促党建,把教师队伍建设作为党建的基础性工作,充分发挥党组织在学校新发展中的促进作用,解放思想,初心不改,敢于担当,奋战新时代,建功新征程,最终促进学校立德树人根本任务的实现。

让家长成为多彩教育中的一抹亮色

——"浸入式"家校合作

李祖华

教育是一项系统工程,绝非学校、家庭和社会一方可以完成,需要三方合力为每一个孩子营造良好的成长环境。天津市西青区实验小学在"多彩教育奠基精彩人生"的办学理念引领下,本着"家长是孩子的第一任老师"和"孩子入学,家长入校,孩子毕业,家长结业"的原则,将家庭教育作为学校教育的重要参与者、支持者、实践者,让家长成为学校教育的补充力量,参与到学生成长的全过程中。坚持开展"浸入式"家校协同育人,让每一位家长真正融入教育中,为实现"多彩教育奠基精彩人生"的教育目标共同努力。

一、浸入学校管理之中,家长为学校发展献言献策

以"实现家校相互配合,形成教育合力,促进学生素质提高"为目标,坚持不懈地运用家长学校课程向全体家长进行家庭教育知识的宣传,提高学生家长对家庭教育的重视程度,让家长参与到教育中来。

家长学校工作"三纳入四同时"纳入学校整体工作的议事日程、纳入精神文明建设总体规划、纳入党建建设的整体规划;把家校合作工作与其他工作同时安排、同时检查、同时总结、同时评比奖励。

为了方便组织沟通,学校建立了由优秀家长参加的班级、年级、校级"家

长委员会",其主要职责是成为学校与家长之间的桥梁。"家委会"制度完善,分工明确,定期召开会议研究解决家长在教育中面临的重大问题和难点问题。角色的转换让家长更愿意参与其中,为学校出谋划策,解决多个"教育疑难杂症"。比如,孩子爱吃零食、爱玩游戏等问题,经过商量决定通过家长约束、班主任制止、少先队检查、学校监督的方法来管理学生,让他们远离零食、远离网吧,保证身体健康;再如,每天上学、放学时,马路上都会聚集许多接送孩子的机动车和非机动车,存在一定安全隐患。经过商量决定实行分年级错峰放学,家长志愿者参与维持秩序,从而保证了学生安全,也解决了学生上放学路上拥挤问题。针对学生配餐、校服选定等工作,家委会都参与其中,从配餐的选定、荤素搭配、菜量等方面,家长都纳言献策。

二、浸入学校特色建设,家长资源充盈年画文化

2004 年,学校将独有的传统文化资源引进校园,将地域特色与教育教学相结合,将对学生的爱国主义教育,爱家乡、爱家庭、爱亲友的品德教育,审美能力、绘画能力、创造能力、社会实践能力等综合能力的培养融入其中。

杨柳青年画不仅是刻在板上、拓在纸上,还能画在书包、手绢、风筝、灯笼甚至螃蟹壳上。家长还参与开发出染色、套色剪纸,制成彩色的剪纸灯笼,大大提升了剪纸的观赏性和立体感。具有独创性的新型年画作品增强了学生的自信心,引领师生和每一个家庭在审美与创作过程中珍视家乡年画文化,浸润每一个人的家国情怀。

近年,学校开设了年画扇面、木板年画、景泰蓝年画等二十余种不同工艺的选修课,有此项技能的家长主动作义教,不同年级兴趣相同的学生自愿选修。技艺娴熟又能大胆创新的学生还可以在年画艺人、家长和老师的指导下参加彩绘、刻版、拓版等高技能的训练。在学习环境上,学校开设了风格独特的"杨柳青年画彩绘室"和"年画艺术手工活动室"。

课堂上,家长与孩子一起上课,目睹孩子们学习年画的过程;艺术节上,亲子绘画活动,家长和孩子一起绘出梦想;学校还开辟了家校通、学校公众号、微信群和班级博客等沟通渠道,每学期针对年画特色课程,请家长们参与

谈论,使年画活动越发丰富。

学校也邀请家长真正参与到教育工作中。从2016年开展的家长义工活动,给了家长重要的参与平台。如邀请杨柳青年画的第六代传人霍庆顺及家人走进学校授课,为每周社团活动提供了强有力的专业支持;开设了"爱的分享 助力成长"家长义工讲堂,各班有才艺、有工作特长的家长利用班队会时间在本班教室进行活动,充分发挥在各行各业的家长资源的优越性,合力将学校教育办得更好。

家长们在休息日积极配合,带着孩子去参观年画花园,走进年画博物馆,还有的家长搜集有关杨柳青年画资料,打印成图片让孩子在绘画时作着色参考。

三、浸入学校品牌活动,让家庭教育更具实效

作为校外教育力量,家长发挥着重要的作用。学校为了让家长在家庭教育中更有抓手,将学校多年开展的品牌活动引入家庭,让家长和孩子共同参与其中,一起感受成长的过程。

围绕学习社会主义核心价值观,学校组织家庭开展文明家庭创建活动。比如"家庭根脉图活动",让孩子和家长一起绘制家谱,了解家庭的构成和历史,先是各班开展,然后进行推选。学校还结合"母亲节""劳动节"等活动进行"晒家风"的评选。为培养学生从小养成讲文明懂礼貌的好习惯,学校以家长信、微信推送等方式传递理念,利用每个周六日时间开展"创文亲子志愿体验"活动,让家长和孩子一起成为文明城区创建的宣传员、监督员。为了培养学生养成良好的阅读习惯,学校坚持利用每年的读书节开展亲子共读活动,激发学生与家长读书的热情,形成"教师引领学生、学生影响家长、家庭推动社会"的良好读书氛围。

除此之外,学校还在校报"心之桥"开辟家庭教育专栏,在学校公众号开设家长热线专刊,让家长将自己的育子经验与大家分享;作为"中国好老师"公益行动计划基地校,学校让家长共同参与到家校合作育人模块的研究中,启动了"伙伴式家校行动计划"。

"浸入式"家校合作让家长从根本上转变观念,加强了自己的育人角色意识,改善了亲子关系。家长参与到孩子的成长过程中,也成为学校多彩教育中的一抹亮色。

第一编

把握立德树人政治方向

——思政探索篇

搭建思政教育多元化平台
多层次落实立德树人使命

——实验小学思想政治教育工作汇报

杨晓彤

为深入贯彻习近平新时代中国特色社会主义思想,落实全国教育大会及习近平总书记在学校思想政治理论课教师座谈会上的重要讲话精神,依据市教育两委、区委、区政府有关文件,在区教育局党委的正确指导下,天津市西青区实验小学从教育实际出发、创新载体途径,在学校思政教育工作上进行了一番探索。

一、党建引领思政铸魂,全面保障工作推进

学校党组织充分发挥政治核心作用,强化领导体制和工作机制,把思想政治工作贯穿学校教育管理全过程,扎实落实立德树人根本任务。学校成立了以党支部书记、校长为第一责任人的思政教育工作领导小组,建立了思政课程研究室(已挂牌),贯彻落实上级工作要求,明确责任,统筹协调,推进学校思政教育及课程建设、教材建设、队伍建设等工作,齐抓共管,形成合力。把加强思政教育工作纳入学校工作计划,建立专项工作档案,形成规范化管理、常态化推动、制度化保障,切实加强党对教育工作的全面领导,进一步提升学校思想政治教育工作水平。

二、精良师资保驾护航,钻研提升教育实效

学校要搞好思政教育,必须要打造一支精良的思政教师队伍。因此学校

第一时间组织全体教师学习了习近平总书记的讲话精神,坚定信念,充分认识思政教育的重要性,自觉用新时代中国特色社会主义思想武装头脑,积极学习理论知识,创新课堂教学。学校与天津工业大学、天津师范大学、天津市杨柳青第一中学、天津市杨柳青第二中学、天津市杨柳青第四中学分别签订了大中小思政教育一体化协议,建立了思政教育联盟,加强合作,共同实践,促进校际集体备课,提升思政教育实效。我们还聘请了区委党校的郭雪婉老师担任学校特聘思政教师,根据学校教师的实际需要,为学校做理论知识的专题培训。学校对思政教师、党团员青年教师开展专题培训十余次,组织参加线上大中小思政教育一体化教研活动五次,为学校思政教育工作的有序开展保驾护航。为提升教师全员育人理念,学校要求全体教师参加志愿岗服务,课间、各种大型活动必须全员参加,为人师表,以身示范,共同做好学生的日常管理和文明礼仪的培养工作。

三、"一核双轨"落实课程,开拓渠道全面育人

"一核"指的是以"立德树人"为核心,"双轨"是指思政课程与课程思政两方面相辅相成,双轨并进。在小学阶段,思政课程指的是"道德与法治"课程。学校严格落实《天津市中小学课程计划安排意见》,保障"道德与法治"的规定课时,使用好教材和各种配套教辅材料,组织思政教师固定教研时间,研究课标、分析教材、精心备课,上好每一节课。在"道德与法治"课堂上,我们把课堂教学与课外活动结合起来,与学生的家庭和社区生活结合起来,充分利用社会主义核心价值观、习近平总书记相关讲话精神,以及有关抗击新冠肺炎疫情的读本、纪录片、视频资料等,最大限度地整合各种教育资源,讲好思政课。

在课程思政方面,学校开拓多种渠道,提炼全员、全程、全方位的三全育人新模式。我们注重各学科情境下思政教育的渗透创新,每位教师结合本学科实际,深入挖掘思政内容,用心设计,精准教学,力求课堂达到有知识、有价值、有意义。我们充分利用早间管理时间,带领学生诵读《三字经》《弟子规》、必备古诗词等中华传统文化内容,午间时间组织校园广播站播放有关光盘行

动、爱惜粮食、生态文明教育的音频资料。

四、积极开拓校本资源，创新打造实小特色

学校在保障思政教育工作有序开展的基础上，加大力度，深挖校本资源，努力创造思政工作的本校特色。

一是编写思政校本材料。学校十多名党员教师历时三个月，深入档案馆，查阅了大量的经典资料，征询了研究专家的意见，编写了适合孩子年龄特点的教育读本，在本区小学率先推出思政课程校本学习材料。这套读本每个年级一册，在主旨统一、传承红色精神的基础上，内容随着年级循序渐进、螺旋上升。同时，这套读本也定位于亲子共学，希望通过家长和学生共同阅读，让红色读本起到一个孩子带动一个家庭的效果。学校还充分利用"道德与法治"课时间组织学生集中学习，同时推出线上每日一诗活动，迄今为止已推出二十八期。

二是将校史馆建成校内思政教育实践基地。学生居家学习期间，推出七期线上校史学堂"跨时空的对话"，分批次组织学生参观校史馆，使师生从学校发展史中感受祖国日新月异的变化，一起为祖国的发展而自豪。

三是年画思政挖内涵，文化育人始传承。优秀传统文化的浸润，透过年画发挥着作用。画面中"蝙蝠、扇子"寓意"心中有他人，要与人为善"；《连年有余》《福善吉庆》反映了劳动人民对生活的热爱和对美好生活的向往……作为全国首批优秀文化艺术传承学校，我们充分挖掘年画中的教育内涵，让学生边绘画，边读懂精神，内化于心，最终产生一种潜移默化的思政教育效应。师生构思创作了一系列思政教育主题宣传年画，多幅作品成为西青区创建全国文明城区宣传展牌的主题图片。

四是在学校空中微课堂中开辟"思政专刊"板块。师生同上一节课，家校携手共育幼苗。截至目前，"思政专刊"共开设十九期，内容包括爱国教育、榜样教育、心理健康教育、规则教育、疫情防护教育等五大类。每堂微课大约十分钟，每一期安排学生、家长、教师代表发表观看后的真情实感，在互动中耳濡目染地进行思政教育。

五是在学校传统活动中与思政教育相结合。如,结合心理健康教育工作,充分利用学校的心理健康辅导中心,发挥专兼职心理教师的作用,上好心理课,做好团体辅导。加强对特殊学生的一帮一,帮助学生形成健全的人格和健康的心态。结合重大节日、国家纪念日等,以班队会课、国旗下讲话、手抄报、征文等方式开展形式多样的教育,引导学生牢记历史,爱党爱国。邀请抗疫英雄、身边榜样等先进典型来校进行事迹宣讲,让学生直面榜样,从小立志。结合社团活动,成立思政小社团,组织党团员、思政教师、学生有计划、分批次地进行参观学习,参观了《国家荣誉——中国女排精神展》《人民至上——天津抗击新冠肺炎疫情纪实展》,到天津市西青区杨柳青镇世纪新苑社区看望慰问抗美援朝老兵等。

在思政教育工作中,我们还存在一定的问题。比如,师资队伍不足,学校共有三十七个教学班,大部分班级的思政课由语文老师负责;思政课教学质量和思政教育科研能力有待于提升。今后,我们要及时做出调整,充实思政课专任教师力量;加强思政课课堂教学测评,经常组织思政课教师听评课活动,加强思政课教师教育科研意识和科研的自觉性,及时总结和凝练思政教育工作的优秀做法、创新思路、先进手段、育人实效及心得体会,扎实推进思政教育工作的顺利开展,落实立德树人的根本任务。

老一辈革命精神对少先队建设的意义

——学习习总书记给大陈岛老垦荒队员后代的回信带来的思考

安学磊

一、如何在少先队活动中切实完成学习习近平总书记的回信

（一）开展"听长辈讲故事"活动

结合习近平总书记回信精神，深入挖掘地方历史文化资源，邀请对家乡发展做出贡献的长辈来校讲故事，动员学生主动找长辈谈心，听长辈讲创业故事，学习传唱《垦荒队员之歌》，并以此推动"讲家训、写家书、传家风"主题实践活动，用长辈的优秀事迹教育学生，以长辈们创业奋斗精神激励学生，弘扬台州精神，根植家国情怀，大力培育和践行社会主义核心价值观。鼓励有条件的家庭，在假期带领学生游览大陈岛，追寻先辈足迹，以实地亲身感受激发学生情感上的共鸣，更好地传承老垦荒队员的艰苦创业、奋发图强、无私奉献、开拓创新的垦荒精神，好好学习，砥砺品格，争做社会主义合格建设者和可靠接班人。

（二）开展劳动实践教育活动

加强校内和校外实践基地建设和合作，组织学生参加与自身年龄相符的劳动实践活动，促进学做结合、学以致用，体验劳动快乐，感受家乡变化，培养坚强意志和良好品质，为实现伟大的"中国梦"贡献力量。要把学习回信精神与学生假期社会实践活动、志愿服务等活动结合起来，增强学生服务社会、建设家乡的行动自觉。

二、如何借助此次学习丰富少先队活动,培养少先队员学习老一辈革命精神

当前,我国正处于加快推进社会主义现代化建设的重要时刻,先烈们留下的革命精神,是我们克服一切艰难险阻的无价之宝。全国各级共青团、少先队组织广泛深入地开展学习革命先烈的活动,加强青少年的思想道德建设,教育和引导青少年增强爱国情感、确立远大志向、培育良好品德,成为有理想、有道德、有文化、有纪律的社会主义事业建设者和接班人。广大青少年朋友们要珍惜美好时光,刻苦学习知识,努力陶冶情操,继承先烈遗志,把老一辈无产阶级革命家开创的事业薪火相传、不断发扬光大。对此,我们应该从日常做起,从基础做起。

(一)加强少先队基础建设

1. 做好新学期少代会的召开,完善少先队各项制度

新学期开学,根据自身情况召开学校少代会,落实少代会制度,队员民主参与、民主管理制度、表扬奖励等制度。

2. 规范少先队礼仪教育

重点抓好少先队队前教育,不断温习少先队知识。另外,少先队鼓号队是少先队组织的重要标志和特征之一,在少先队检阅及大、中队集会活动中,是不可缺少的队伍,要积极组织开展鼓号队训练活动。

3. 加强少先队内外阵地建设

规范队室、红领巾宣传栏、广播站等传统阵地,努力探索校外阵地建设。队室形式上要力求庄严活泼,有立体感,适合队员的年龄特点,内容上要富于教育性和时代感。

4. 发挥队报队刊的作用,充分利用新媒体和文化产品完善少先队建设

充分发挥好队报、队刊在团结、教育、引导少年儿童中的积极作用,及时推报和上传有关信息,推进少先队信息化建设,利用新媒体搭建少先队辅导员沟通交流平台,加强少先队工作信息和经验交流。充分利用好未来网红领巾集结号"少先队活动课程网络平台",向未来网"红领巾相约中国梦"网络社区上传少先队活动信息。

(二)大力推进少先队活动课建设

保证每周一课时的少先队活动课,活动课主题鲜明、生动活泼且有意义的,深受队员的欢迎和喜爱。

1. 活动课程开展的原则

正确认识和理解少先队活动课程内容,认真落实少先队组织的根本任务,注重少年儿童良好思想意识的培育,其不是知识传授,不同于中小学学科教学。

在活动内容、形式上要贴近少先队员特点,主题鲜明、生动活泼、灵活多样,让学生们喜欢、期待、向往,体现时代感、互动性,把有意义的少先队活动做得有意思。活动课可以在校内开展也可以在校外开展。

2. 系统科学地开展每周一节少先队活动课

根据"快乐童年 放飞希望"主题队日活动,把少先队课程建设以"立志向、有梦想、爱学习、爱劳动、爱祖国"为主线贯穿,做到少先活动队课程建设的系统性、科学性。

(三)以活动为载体,注重体验,提高学生道德素养

1. 结合重大节日和纪念日,开展主题教育活动

充分利用重大节日、纪念日,如教师节、中秋节、国庆节、重阳节、"10 月13 日"建队节等节日,有计划地组织开展形式多样的系列主题教育活动。如开展"教师节"感恩活动,庆"国庆"系列活动,新生入队活动等。

2. 深入开展少先队社团活动

少先队社团是由少先队成员自由参加、自主活动、满足社团成员兴趣爱好的专业性小群体组织。少先队社团是对学校原有文化的继承和发展,通过社团的活动和发展,能够有效地推进学校文化建设。我们将在开学初期深入研究开展少先队社团活动,打造学校品色,例如开展书法、合唱、手工、毽球等有益学生身心发展的社团活动。

我们生活在这个多姿多彩、和平幸福的年代里,一定要倍加珍惜无数先烈用生命给我们换来的幸福生活,勤奋学习,努力成才,牢记先烈的遗愿,踏着先烈的足迹,用自己的生命和才智去实现先烈们未竟的共产主义事业,创造无限美好的明天!

探究活跃小学思政课课堂的教学技巧，提高教学效果

常婧妍

思想政治理论课是落实立德树人根本任务的关键课程。小学思政课是"循序渐进、螺旋上升"思政课体系的起始阶段，是"关键"中的"基础"。如何上好"基础"思政课，是每一位小学思政教师必须深入思考的问题。

小学生的注意力集中时间与兴趣密切相关，且思维特点以具体形象为主，逐步过渡到抽象逻辑思维，这种抽象逻辑思维很大程度上建立在直接体验、感性经验的基础上。要上好思政课，就要充分考虑小学生的特点。兴趣是最好的老师，活跃的课堂有助于小学生学习理解，有助于充分发挥课堂教学的作用，让小学生在愉悦的氛围中得到思想政治理论的熏陶和教育。如何活跃小学思政课课堂呢？

一、贴近生活，创设学生熟悉的情景活跃课堂

人教版小学道德与法治教材编排，每个年级每一单元都与学生的日常生活息息相关，在教学中注重挖掘生活中的教育资源，能够让学生在熟悉的场景中直观感受。例如：在教学人教版道德与法治教材一年级《上学路上》中，利用学生熟知自己的上学路展开话题，让每个学生有话说，能够充分参与到话题中来，使课堂变得活跃，教师问学生们："想不想知道爸爸妈妈的上学路是什么样子的？"这一问题激起学生的好奇心，将气氛引向高潮。通过几张二三十年前当地道路的照片与现在道路照片进行对比，形象直观地让学生感受

到家乡的发展变化、国家的繁荣富强。这样既活跃了课堂气氛，又培养一年级的小学生产生爱家乡、爱祖国的情怀。

二、趣中育人，将小学生的思想政治课堂与游戏相融合

兴趣是学习最好的动力。为了使学生对思政课更感兴趣，可以在课堂中适时引入游戏，灵活地运用游戏，在游戏中教育，既让学生释放天性，提高兴趣，又起到教育学生的作用，以达到既定的教学目标。比如，在教学人教版道德与法治课家庭责任内容时，可以让学生进行角色扮演，分别展现出一天中家庭成员都在做什么，感受父母长辈对家庭的付出，让学生自发流露出对父母长辈的爱，引导学生为家庭贡献，树立责任意识。再比如，在教学爱劳动相关内容时，可开展"用心找物"活动，就地取材，要求学生将当天携带的书本、文具按照自己的习惯整理摆放，而后闭着眼睛，按照教师的要求快速摸出正确的物品。学生间分享整理的技巧，让学生做力所能及的劳动，在愉悦的活动中获得成就感。

三、满足小学生的表达欲望，让思政课堂活跃起来

小学生的表现欲和表达欲都很强烈，他们似乎总有说不完的话，总想在同学和老师面前展现自我，这种情况在小学中低年级尤为明显，当教师提出一个问题，抛出一个话题，会有很多小手高高举起。在小学思政课的课堂上，教师应该舍得时间，满足学生的表达欲，在活跃课堂氛围、激起学生参与课堂热情的同时，巧妙地加以引导，坚持灌输性和启发性相统一。

四、合理运用动画短片和音乐开展教学，让思政课堂妙趣横生

教师要想上好思政课，必须根据学生们的爱好去上课。小学生大多喜欢动画片、音乐，教师将思政课的教学内容与动画片或是音乐等相结合，在儿童化的情境中开展思政教育，使他们在音乐的世界里激发情怀。比如，在中低年级开展安全守法相关内容教学时，可以搜集安全、法规类的小视频在课堂中播放，让学生直接理解安全守法的必要性，这样对中低年级学生进行安全

教育、守法教育更直观、更有效。在对中高年级学生进行爱国主义教育时,引入歌颂保家卫国、赞美家乡祖国等歌曲,让学生在激昂的歌声中深化内心的爱国情。

五、传承优秀文化,以国学经典熏陶学生

中华民族的传统文化博大精深,几千年来,影响着一代又一代人。学生们从小就接受着优秀传统文化的教育,许多学生对国学有着浓厚的兴趣。在思政课中开展理想信念教育、爱国主义教育、中华优秀传统文化教育和革命传统教育等方面内容时,讲述相关的历史故事,欣赏这一主题的诗词歌赋,用学生认同的传统文化教育学生,能够让学生更加崇尚传统美德。

六、与时俱进,用时事热点教育学生

小学生年龄虽小,懂事不少,尤其一些孩子受到家庭、学校的熏陶,对社会时事格外感兴趣。思政课应该把教科书与新时代中国这本大书有机融为一体,坚持理论性和实践性相统一。比如结合 2020 年"抗击新冠肺炎疫情",讲述英雄故事,引导学生崇尚英雄、学习英雄,立志长大后争做新时代的英雄。以纪录片展现"抗击新冠肺炎疫情"过程及成就,在"抗击新冠肺炎疫情"过程中那些震撼的场景、感人肺腑的画面中,自然而然增强学生的中国特色社会主义道路自信、理论自信、制度自信、文化自信,树立起民族的自豪感。当代中国中有很多举世瞩目的成就,与时俱进的思政课,更能吸引学生,也更具有政治性。

习近平总书记指出,青少年阶段是人生的"拔节孕穗期",最需要精心引导和栽培。小学阶段是学生品德、行为习惯、生活态度、认知能力发展的重要阶段,扣好人生的第一粒纽扣,思政课发挥着不可替代的作用。小学的思政课要有活跃的课堂,让学生爱上思政课。上好思政课,提高教学效果,是每一位思政教师的责任,我们要用新时代中国特色社会主义思想铸魂育人,培养德智体美全面发展的社会主义建设者和接班人。

新时代小学生榜样教育研究

李 静

榜样的力量是无穷的。榜样教育是一种重要的德育方法,也是少先队中队辅导员重要的德育途径。当前少先队员榜样教育的现状如何? 榜样教育存在哪些问题? 榜样教育的发展面临着怎样新的趋势? 榜样教育怎样实施具体改进措施?

一、学生榜样教育现状分析

调查结果表明,少年儿童对榜样和榜样教育的心理需求是积极向上、多元化、时代化的,但同时也有一些值得关注的问题。

(一)小学生普遍存在榜样意识

对于"是否有效仿的榜样"这一问题,有大多数学生回答"有",有少数学生的回答是"榜样就是偶像"。可见,榜样在小学生群体中的认可度相当普遍。关于榜样教育内涵的认识,大多数学生表示"知道并且认同",这说明榜样教育具有一定影响力,对学生也能够产生重要的影响。

(二)小学生获取榜样的渠道日趋多元化

小学生获取榜样资源的渠道,一部分为网络,一部分为电视和广播,还有一部分学生是通过朋友、同学了解的。可见,我们要积极地利用新媒体这一便捷有效且学生易于接受的方式,向学生做榜样的正向传播和教育引导。

(三)小学生对身边的榜样认同最为明显

学生喜欢的榜样类型是多样化的,选择同学、朋友的人数比例最高,其次是影视明星,最后是家人、教师。杰出人物一度是中小学生喜欢的主要类型,但调查结果显示,杰出人物如科学家、英雄人物、劳动模范、社会精英所占比例远低于影视明星。

关于"老师、家长对待偶像崇拜的态度",有近半学生选择的是"无所谓"的态度;三分之一的学生认为"老师、家长比较支持"。访谈过程中,教师们也表示,自己对于学生偶像崇拜并没有过多干涉,只有影响到学习时才会有所提醒。

二、榜样教育需要理性分析和科学定位

榜样教育可以通过榜样人物鲜活的事例和生动的道德形象唤醒学习者的道德认同感,从而激发个体追求理想的愿望和激情。榜样教育对于促进青少年的健康成长起着重要作用。

（一）客观分析榜样教育的现状

随着社会文化的多元化发展和人们价值观的变化,尽管出现了一些不和谐的声音,比如对影视明星的过度宣传等,但从调查数据来看,当前小学生榜样教育的效果是显性的,得到了受访者的总体肯定。对于榜样教育这种适合小学生道德发展规律的教育方式,我们必须予以肯定。

当然,我们也应看到,一些地方的榜样教育还存在脱离儿童实际、榜样形象"高大全"、榜样教育方法简单化等弊端。面对新媒体时代的挑战以及当代少年儿童的新需求,我们需要冷静分析,针对现实困境提出有效的应对方法。

（二）榜样教育的内容与形式需要创新

从调查结果看,榜样教育采用形式最多的是开展先进分子的评选、表彰;其次是在特殊节点开展相关教育活动。有将近一半的学生选择自己的同学作为榜样,这说明学校所开展榜样教育的形式对学生具有较大的影响力。对于所喜欢的榜样类型,选"同学、朋友"的比例最高,可见,学生更愿意将身边的同学、朋友作为自己的榜样,因为以身边的人为榜样,可以和榜样朝夕相处,既能从榜样身上学到良好的品质或其他优点,也能看到其身上的不足,这样的榜样更真实可信。

关于"学校榜样教育还有哪些需要改进的地方",选择最多的是"要调动学生主动参与的积极性",其次是"榜样的选择要贴近学生的生活",可以让学生参与榜样的选择树立工作。同时,要积极利用新媒体形式多样化、传播便捷性、内容趣味性的优势,丰富教育形式,拓展教育路径。

(三)挖掘偶像的正面榜样价值

偶像崇拜是小学生的一种过渡性需求,也是个体身心发展特定阶段需求的产物,不能简单地予以压制,应理性分析评判,合理引导。访谈中,当问到关于榜样与偶像之间关系的看法,大部分教师赞同将偶像包含在榜样这一大概念之下,榜样未必能够成为偶像,但是偶像可以转化为榜样。积极、正向的偶像可以树为榜样。偶像则赋予了榜样时代性的特质,但并非所有的偶像都值得效仿,所以要倡导理性崇拜偶像。基于此,有学者提出建立"偶像—榜样教育",引导学生将追星、偶像崇拜的意念、热情转化为奋斗的动力,这种意义上的偶像崇拜,其实质与榜样教育殊途同归。可见,偶像崇拜的德育价值可以进一步深入挖掘,以拓展榜样教育的新空间,教育引导小学生淡化偶像光环,化偶像为榜样,将偶像的吸引力与榜样的道德教化功能结合起来。

三、创新时代榜样教育的途径和方法

(一)尊重学生自主的榜样选择

当下,社会价值观多元,自媒体、新媒体发达,学校教学模式也发生革命性变革,新时代少年儿童心理发展需求更具体、更多元和个性化,这要求我们必须创新教育理念,增强学生参与的主动性、积极性,提升榜样教育的吸引力。

我们既要提高传统英雄人物、各行各业先进模范、杰出人物的影响效果,还要创新榜样教育,树立新时期少年儿童可亲、可信、可学的榜样,用身边的人、身边的事教育小学生,引领他们学习英雄人物、先进人物、美好事物。

不同学生个体对榜样人物的选择和模仿,会受制于个体年龄特征、心理特征、认知水平、成熟程度、知识结构和生活背景等因素的多重影响。因此,要适应新媒体时代特点,培养网上的小学生的正面偶像;针对明星榜样凸显的现象,要引导学生关注明星在成长过程中对理想的执着与坚持,深入挖掘偶像魅力之所在。

我们可以充分利用学校活动发动学生推选校内校外值得效仿学习的人,让学生选择、策划、宣传,教师扮演指导者的作用。在选择榜样对象和故事时,保证真实性。要发挥教育者、家长、同伴等"重要他人"的榜样示范作用。优化社会道德文化和网络媒体环境,强化氛围熏陶;加强主流价值观的引导,形成健康向上的舆论氛围。

(二)选择并树立贴近生活的榜样形象

榜样是在生活中自然形成的,生活中的榜样是活生生的、有血有肉的人,其道德行为更适应当前学生的道德心理需求,更容易唤起学习者的情感体验。

榜样有优缺点,正是其不完美才能让人感到真实,才不会让人觉得学习榜样是可望而不可即的事。我们要弘扬社会正能量的精神品质。偶像最吸引学生的品质是偶像的人品,如勤奋、自律、有爱心等。所以,充分挖掘偶像的闪光点,化偶像为榜样,可以扩展榜样类型,达到更好的教育效果。当然,调查也提示我们,儿童心智尚未成熟,缺乏足够的是非判断能力,在效仿偶像过程中需要教师和家长的及时引导。

(三)创新榜样教育方法

道德源于生活,也需融入生活,榜样教育要改变以往灌输式、问答式和说服、规劝、强迫的教育手段,应倡导更多的角色体验、情感互动和行为表达。我们要引导学生从身边具体、可感的人物中选择效仿对象。在宣传榜样人物的时候,可以在不损伤其影响力的前提下,呈现他的缺点,设置情境,让学习者寻找、观察榜样人物所蕴含的优秀品质。

当前,网络新媒体运用普遍,包含视频、图片、动画等多种内容呈现方式,这种新媒体方式能够更加清晰、直接地向学生展现榜样形象的全面性。通过数字媒体的宣传,榜样的形象可以更加饱满。学校可充分利用数字媒体,推广宣传榜样的精神实质和感人经历。要扬长避短,发挥新媒体在弘扬主旋律、传播先进文化价值观、改进榜样教育、促进少年儿童思想道德发展方面的正向作用。

发挥家庭教育的基础作用。家庭教育是通过血亲关系的感化作用、家庭生活的渗透作用和父母言行的示范作用,对子女进行潜移默化的教育。"父母是孩子最好的老师",家长要在家庭日常生活中注意自身言行,积极肯定主流榜样形象,营造健康向上的家风,以正向的价值观潜移默化地引导孩子成长。

与此同时,教师也应该结合当前抗击新冠肺炎疫情中人们所熟知的英雄人物积极营造崇尚英雄、崇尚模范、崇尚榜样的社会氛围,引领构建健康向上的核心价值观。大众媒体要践行社会责任,做社会良好道德风尚的引领者,要多宣传为国家、社会默默做出奉献的各行各业的先进模范。新时期的榜样教育发展需要以社会教育为依托,共同构建立体化协同育人机制。

浅谈小学思政课课程改革创新

鲁春鸣

2011 年,教育部颁发了"品德与生活"新课程标准,2016 年将教材统一更改为《道德与法治》。《道德与法治》教科书每册四单元,主要围绕小学生的生活,从其社会性发展过程中必然会遇到的、需要解决的问题出发,如心理健康、学校班级问题、国家问题、自然环境问题、交通、安全、法治教育等涵盖个人、家庭、社区、国家、世界的内容。我们不难看出,道德与法治课是一门综合性课程,而且是一门导向社会生活实践、传递国家意志、沉淀升华个体良好行为习惯、个体品质、法治意识、家国情怀、民族精神、世界意识的综合性课程,它具有鲜明的政治性、思想性、实践性等特征,是社会主义精神文明建设、公民道德建设的基础工程。本课程要求教授道德与法治课程的教师要有着眼于国家主流意识形态、大政方针、重大时事政治等政治与德育工作的大格局、大视野。这决定了相较于一般知识性学科而言,道德与法制课对教师提出了更高素质、更宽领域、更多方面的素养要求。因此,思政教师专业化配备以及专业素养的提升应是重中之重。

第一,抓学科主心骨,打造一支专业教师队伍。由学科相关领导与各小学德育干部组成学科工作室,组织本教学研究、学科课题的开展,制定教学教研计划,统筹兼顾总体工作。同时考虑专职思政课教师岗位的问题,在编制内配齐配足。编制在短时间内无法满足的情况下,优先选取各学校优秀德育工作者组成思政教师队伍,然后由德育领导牵头组成各小学学科集体备课小组,钻研教材,集体备课,资源共享,定期开展示范课、研讨课、成长课,提升课堂教学质量。立足课堂本身,做好课堂规划和资源开发。

第二,以集体组织培训研修与自主理论学习协同发展两种途径,加快思政教师专业化水平定期组织理论学习、政治学习培训、法治素养讲座等,同时定期检查教师自主学习笔记、心得,鼓励教师撰写学科论文,加强自主学习。

第三,运用多种激励手段,激发队伍活力,激发更多优秀教师投入到思政教师队伍行列的热情,以评选优秀思政教师、绩效体现等激励手段激发教师从教愿望。

第四,邀请法制部门、环保部门、公益单位人员到校兼任校外客座思政教师,定时开设讲座、授课,辅佐队伍建设。

第五,重视学生课外实践比赛的评选工作。各类学科比赛,不仅能够调动家长参与德育思政积极性,形成合力,而且也能间接鼓励教师不断创新教学手段,更新教学理念。

挖掘社会资源,大力开发思政教育基地

杨晓彤

2019 年 3 月 18 日,习近平总书记在学校思想政治理论课教师座谈会上的重要讲话使得思政教育受到人们的广泛关注,更在教育系统掀起了思政课程改革创新的巨大变革。人们越来越认识到,在当前的国际形势下,大中小学生的思政教育迫在眉睫,各级政府、各类学校都为深入贯彻习近平新时代中国特色社会主义思想,在思想政治理论课一体化建设中不断深入探索,努力提升思想政治课理论质量,从大学到幼儿园创立了思政一体化育人体系,在校园里开辟出一片育人的新阵地。

随着教育教学工作的深入开展,许多一线教师发现,很多时候学生的理论水平虽然很高,但是由于缺乏实践经验和亲身经历,理论并没有深植于心,这在很大程度上影响了思想教育工作的成效。但是面对突如其来的新冠肺炎疫情,我们党和政府一系列的应对措施,使全国人民深刻体会到了中国共产党的伟大和社会主义制度的优越性。这比任何一本教科书都更直观、更准确,只有亲身经历了,才能将理论知识内化于心。因此,我们还需要广泛挖掘社会资源,大力开发思政教育基地,为学生们创设一个思政教育大环境,让学生不但有理论基础,更有实践的机会,这样思政教育才能收到事半功倍的效果。结合一线教学经历,针对以上情况,我总结出以下几点建议,可供我们日常教学中参考。

一、充分挖掘本地教育资源,建立资源库

收集天津市尤其是本地区的教育资源,如霍元甲故居、平津战役指挥部等;老红军、抗美援朝老战士、抗疫英雄等先进人物、道德模范典型。这些内容均可以编辑成库,形成思政教育资源库。这些内容均可以菜单式下发给各学校,让学校根据自己的需要选取适合本校学生及教材要求的教育方式,自由组合,自主选取,直接联系沟通并报上级部门备案后进行相关教学活动。还可以使用微信小程序,如红色地图等,促进各中小学到教育基地参加活动,加强对学生的爱国主义教育。

二、鼓励学校与各教育基地开展多种形式的合作

学校的思政教师与各基地建立长期、固定的关系,便于组织相关的教学工作;参观类的教育基地可组织各校派遣小小解说员,在课余时间参与景点的解说,这既锻炼了学生们的能力,又为学生提供了深入了解历史的机会。还可以将各行各业的先进人物聘请为本校的校外思政教师,长期系统为学生进行相关内容的宣讲和解读。

三、挖掘社会资源,创设社会活动实践基地

大学生、高中生需要进社区、进机关、进企业,全面了解社会、接触社会,才能更好地坚定自己的信仰。开放西青档案馆、石家大院等场馆的同时,可以适时适当开放法院庭审,让学生亲身感受法律的严肃与公平;开放相关企业,使学生们了解企业的生产和管理情况,了解企业发展和用人方向,帮助孩子们树立正确的理想信念;可以为初中、小学创设农业劳动基地,定期到田地里参加各种农业劳动,这样既学习了农业知识,进行了劳动实践,还加强了劳动教育,让学生在多样劳动中体会粮食的来之不易……

四、利用社区党群服务中心的资源进行宣传教育

除了学校的宣传主阵地外,还应该充分利用社区党群服务中心,发动社

区的居民,如离退休老干部、老教师、劳动模范等,发挥老同志的特长和优势,在社区进行宣讲,深入开展革命传统教育。将社区内的学生单独登记造册,让孩子们自主管理。可以让大学生带动中学生和小学生利用寒暑假、节假日组织在社区参加各种形式的志愿者服务活动,将活动情况反馈到学校,并作为学生劳动教育的一种评价方式。

以上很多想法还不够完善,需要在工作中不断摸索和改进,思政课程的探索之路现在刚刚起步,未来的路还很漫长,我愿意在这条路上承担起自己的一份重担,不忘初心,砥砺前行。

浅议如何提高学生心理素质

付　铮

实施素质教育就是使受教育者在生理素质、心理素质和社会文化素质上和谐发展,在德、智、体诸方面全面发展。素质教育以受教育者身心得到健康发展,形成健全的个性为出发点和归宿。长期以来,很多人对身体健康比较重视,对心理健康注意较少。实际上只有体(身体)魄(心理)健康的人,才算是真正健康的人。世界卫生组织对人的健康所下的定义是:"不仅没躯体的残缺与疾病,还要有完整的心理、生理状态以及社会适应能力。"可见人的健康不仅指生理上,而且还应包括心理上的健康。这观点正被越来越多的人认识、接受。

在中小学中,有一些学生存在心理上的偏差。近年来,中小学生由于心理问题导致行为上出现失误,严重影响了学生的身心健康发展。因此加强心理健康教育,提高学生心理素质,应成为中小学素质教育的重要方面。

造成学生出现心理问题的原因是多方面的,但主要的是学习压力、社会影响、家庭环境和教师的教育方法等。它反映了学校教育及社会家庭等方面的许多矛盾,只有了解学生存在问题的成因,才能在教育教学中有意识地去避免它。

家庭影响。家长是学生的第一任教师,家长的品德修养、文化水平、教育方法以及家庭环境条件等对学生品德和心理成长有直接而重大的影响。部分家庭的条件不利于学生心理健康成长,有的家长对子女经常训斥,使孩子对父母见而生畏,彼此缺乏感情交流。孩子遇到困难得不到帮助,遇到挫折得不到鼓励,使孩子有种"压抑感""委曲感"。有的父母感情破裂,双亲离异,严重影响了孩子的心灵。家庭教育不当,是孩子出现心理问题的重要原因之一。

学校教育不当。由于种种原因,学校的教育工作中也存在一定的弊端。片面追求升学率,重智育,轻德育、体育;重课内教学,轻课外教育;重学优生,轻学困生,学校生活内容、方式单一,一些学生对学习深感枯燥、乏味,心理恐慌,信心不足,视学习为苦差事。一些教师忽视学生心理特点,在教育学生时采用不当的方法,损伤学生的自尊心,使不少学生产生孤独、自卑的心理。

社会影响。近年来,社会上的一些负面信息对学生冲击甚大,青少年由于缺少辨识能力,一味模仿,也造成了一些学生的非正常心理。

此外,青少年时期,尤其从小学五六年级到初中这一阶段,正是学生的"过渡时期",国外称之为"危险年龄"。这时期青少年身高体重迅速增长,开始走向性成熟。生理上的迅速"成长"极大地打破了生理和心理之间的平衡,打破了心理诸因素之间的平衡。这时期青少年思维的独立性、批判性有了显著的发展,但又存在较多的片面性和主观性,他们精力旺盛,感情充沛,但带有冲动性,不善于克制,行为不易预测,也最容易产生心理问题。对于这种悄悄来到的变化,青少年自身没有思想准备,一些家长、老师也缺乏充分思想准备,没有主动及时地采取相应教育措施,帮助他们渡过"过渡时期""危险年龄",致使这时期成为学生心理问题的多发时期。有的专家通过个案分析指出,2/3 的成年人的心理疾病产生于中小学时期。小学生心理疾病多与家长有关,中学生心理疾病的根源多在教师。这应当引起家长和老师足够的重视。

加强对中小学心理健康教育,提高学生心理素质,应总体规划,多方面做工作。

一、加强学习,提高教师心理素质

要对学生进行心理健康教育,首先要提高教师的心理素质。现代化生活日益紧张和繁忙,给人们带来许多心理变化,面对激烈的升学竞争及来自社会各方面有形无形的压力,使一些教师产生压抑感。教师不健康的心理状态,必然导致不适当的教育行为,对学生产生不良影响。学校要重视教师自身的心理健康,教师的职业性特征要求教师要有极强的自我调节能力。教师要用科学知识调整自己的心态,使自己始终处于积极乐观、平和稳定、健康的状态,以旺盛的精力、丰富的情感、健康的情绪投入教育教学工作中去。

此外,我们要对教师广泛开展心理学知识的培训,学校应将心理健康教育作为教师继续教育的一项重要内容,使每一位教师都掌握心理健康的基本知识,以便正确地对学生进行指导,并在教育教学过程中不出现失误。培养一支自身心理健康、懂得心理学专业知识,掌握心理辅导技能和心理训练方法的教师队伍是非常重要的。

同时应对学校进行整体改革,端正教师的教育思想,改革教育教学方法,融洽师生关系,创设一个使学生心情愉快的学习生活环境。

二、加强对家长的指导和帮助

学校要通过家长会、家长座谈会等方式,让家长懂得青少年心理发展规律,懂得心理健康的重要性,了解青少年的年龄特点,懂得教育学生的正确方法。学校应使家长了解青少年时期是一个特殊的年龄阶段,学生情绪反复,行为多变,对此要有心理准备,不能因此不尊重、不理解他们。对学生教育既要鼓励,也可以批评,但方法的使用一定要符合青少年心理规律。对孩子的期望值不要过高,希望孩子成才,这是人之常情,但压力过大,也会适得其反。此外,我们要对"问题家庭"的学生特别关心,帮助他们克服因家庭的不良影响引起的心理问题。

三、在中小学开设有关心理健康的课程,对学生进行心理素质教育

目前不少中小学已开设健康教育课,其中也开始涉及心理健康的知识。但开设心理健康教育课,不仅仅是普及心理学相关知识,更重要的是在心理健康教育课中进行心理训练、心理指导。心理健康教育课应该是融知识性、

趣味性、参与性和操作性为一体的,这样才能学以致用,真正提高学生抗挫折能力和心理调节能力,减少心理障碍及其他心理问题,使每个学生都能达到情绪健康、意志健全、行为协调、人际关系适应的心理健康标准,全面提高学生的心理素质。

四、建立建全学校心理健康服务体系

目前学校开展心理健康服务,缺少专业人员是一大问题。学校在短期内很难配齐专业的心理医生,但教育行政部门应考虑尽快培养和培训专业的心理辅导教师,在专业人员的指导下,开展心理健康服务。在学校开设心理咨询室、心理活动室,开设心理咨询电话热线。定期为师生举办心理健康、心理保健等专题讲座,积极开展心理健康教育活动,对学生进行学习指导、生活辅导、前途职业指导等,建立健全学生心理档案,并将其作为班主任、任课教师教育教学工作的依据,使心理健康工作落到实处。

加强中小学心理健康教育,同时提高学生思想修养水平,使其树立科学的世界观是一个同步的过程。它对学生高尚品质、人格和情操的形成会产生巨大的影响,同时也会影响智力发展。各校都应把它列入教育教学的目标和计划中去。

如何将爱国主义主题教育
渗透到语文教学实践

位欢欢

　　"贴近学生、贴近社会、贴近生活"是现代教育的基本原则,学科融合的实质就是为了促进学生的全面发展,提升学生的核心素养,实现"五育并举"的目标。为了培养德智体美劳全面发展的社会主义接班人,在教学过程中逐步培养学生的爱国主义情感尤为重要。但是,培养学生的爱国主义情感绝不是空谈大道理,而是应该将其置于教师的教学实践中去,做到"润物细无声",尤其是语文教学。语文是一门工具性与人文性统一的学科,语文教育相对于其他学科,是诗情画意、充满美感的。可以说,当学生接触到"语文"时,就已经开始构建属于自身的审美情趣和情感体验。马蒂说:"虚荣的人注视着自己的名字,光荣的人注视着祖国的事业。"经常有人在"虚荣"与"光荣"面前选择了前者,沾沾自喜,这是无益于国家和社会的发展的。要改变这种不良倾向,必须奠定坚实的爱国思想基础,尤其是在小学阶段,这更加重要。那么,如何在语文课堂中培养学生的爱国主义情感呢?我认为可以从以下几个途径入手。

一、活用教材——课文是最好的老师

　　部编本语文教材中编排了许多爱国主义题材的选文,从各个角度反映出祖国的幅员辽阔、物产丰富、山川壮美和繁荣昌盛等。例如,小学三年级上册第四单元第十三课,《富饶的西沙群岛》一文,就将祖国的壮丽与富饶清晰地展现在学生的眼前;四年级上册第四单元《赵州桥》则是从说明文的角度阐释了中国历史之悠久,民族之智慧,激发了学生的民族自豪感;六年级上册第四单元《桥》一文则生动刻画了一位为人民着想的老支书的光辉形象……这一篇篇主题鲜明的课文生动反映了中华民族的优良品质和悠久历史,是对学生进行爱国主义主题教育的生动材料。这就要求语文教师必须在充分把握语文课程标准的基础上,从整体出发,以教材为基础,充分激发学生的爱国主义情感。

二、师德为范——充分发挥教师的榜样作用

"学高为师,身正为范",为人师者,必要有渊博的知识和高尚的人格,方能立于三寸讲台履行教书育人的职责。作为人民教师,要时刻坚持爱党爱国爱人民,心中有国家,忠于祖国,忠于人民的教育事业,自觉践行爱国主义情感,并以身作则,言行雅正,行为示范,以自己的高尚情操熏陶和感染每一个学生。对小学生来说,教师对事物所持的态度,往往是他们爱憎的标尺。在对学生进行爱国主义教育的过程中,教师更应以自己对祖国强烈的爱的火种去点燃孩子心灵中热爱祖国之情。

如果老师自己无动于衷,学生绝不会心潮澎湃。在陶冶学生的情感方面,要特别注意结合描写祖国的壮丽山河、悠久历史以及国家成就,把自己的爱国心融进教学中,对学生进行爱国主义教育。热爱我们的祖国,应该成为每个学生的重要精神支柱。一个人有了爱国之心,他就会为祖国的贫穷落后而发愤图强,为祖国的繁荣兴盛而自豪,由此树立起对党、对共产主义的崇高信仰。教师的情感对儿童起着极其重要的示范作用。

三、传统精粹——让传统文化焕发新力量

中国有着悠久的历史文化,积淀了无数的优秀的传统文化,是社会发展的重要精神财富,也为爱国主义教育提供了丰富的教育资源。在中华民族五千年发展里中,形成了以爱国主义为核心的伟大民族精神,其具有旺盛的生命力和积极的现实作用。进入 21 世纪,中国与世界联系更加密切,机遇与挑

战并存,更需要我们从优秀传统文化中汲取精华,加强对青少年的爱国主义教育。语文学科相较于其他学科,蕴含着传统文化的精粹。例如家喻户晓的《三字经》《百家姓》《千字文》,又如唐诗宋词中蕴含的深刻哲理。将这样的优秀传统文化带进语文课堂,不但可以增强学生的文化自信心,更能在潜移默化中增强学生的爱国主义情感,真正做到"文道统一"。

四、课外阅读——爱国主义教育的重要途径之一

课外阅读是语文教师对学生进行高层次拓展教育的途径之一。在教学过程中积极开展内容丰富、形式多样的语文课外阅读,不仅有利于发展学生的意志性格特征,而且有助于培养学生高尚情操。当然,书有良莠之分,不能不加选择地让学生去读。教师应该针对学生的年龄特征、兴趣爱好、思想实际,向学生推荐有关读物,引导学生去读,加强阅读指导,激发学生课外阅读兴趣,教给他们读书方法,特别是评价与欣赏的方法,使学生从阅读中有所收获。一本好书相当于一位良师益友,不仅可以扩大学生的知识面,提高学生成绩,而且还能培养其刻苦学习、战胜困难的奋斗精神,所以应该鼓励学生订阅书刊,使学生扩大视野,提高思想觉悟。语文课是开放的学科,其内容来源于生活,又服务于生活。所以,在语文的教学过程中,开展具有教育性、开放性、实践性的学生主体活动为主要形式,如春游、热爱家乡活动、各种节日活动和演讲,学生可以把活动后的感想以日记的形式记下来。有教师说:"日记是'道德长跑',每天坚持,能使人心灵求真、向善爱美。"绝大多数学生写日记时都说真话,说心里话,这便起到使人求真的作用。教师应充分利用日记这种写作形式的德育功能。写作活动也是进行语文德育的重要阵地,不仅能激发学生的写作热情,而且能培养学生的创作精神和能力。

五、生活实践——经微之处见精神

著名教育家陶行知先生说:"生活即教育。"亚里士多德也曾提出,人的德行不仅是靠知识的传播和认识就能获得的,更重要的是通过活动和习惯逐步养成的。因此,在生活实践中逐步提高学生的爱国主义情感是极其重要的。

根据小学生的学习特点,学校和社区应当经常开展一些丰富的课外实践活动来帮助学生掌握知识,开阔视野,陶冶情操。而爱国主义教育完全可以渗透在这些课外活动中,比如举办与爱国主义主题相关的诗歌朗诵活动,学生在准备和参与的过程中必然会对爱国精神有更深刻的理解,这样的主题活动不仅加强了学生的爱国主义教育,同时也使学生朗诵能力得到了锻炼。与朗诵活动相似的还有演讲比赛、合唱比赛、写作比赛,等等,这些都可以与爱国主义主体相结合。除此之外,开展相关的知识竞赛、板报设计活动等都是非常不错的活动形式。如果有条件还可以以语文课本中的爱国主义文章为题材,举办话剧表演类的活动,让学生以表演的方式情景再现,加深对课文爱国情感的理解,借助这些活动将爱国主义精神在学生中广泛传播,洗涤他们的心灵。

我们在实践时还要注意,要让学生充分认识到爱国主义不是空洞的大道理,而存在于生活中:当我们节约每一粒粮食;当我们为希望工程捐出一元钱;当我们学业有成,回报社会……这些举动都在践行着我们的爱国精神。

少年智则国智,少年强则国强,民族之希望全在少年。作为教师,要将爱国主义教育渗透入日常教学的点滴,教育学生正确认识祖国的历史和现实,不断奋发向上、崇德向善,弘扬社会主义核心价值观,把爱国之情转变为爱国之行,始终坚持为中华之崛起而读书,为祖国的灿烂明天贡献自己的智慧和力量!

浅谈小学语文课本中的思政基因

武 鹏

文以载道,开展小学语文教学活动,极其重要的一项工作就是要借助语文教学的开展,大力推动思政教育,通过语文课堂,把学生潜在的感情激发出来。语文学科具有诸多特点,比如每周课时多,日常教学占时长,思想性较强的课文较多,具有极强的潜移默化的教育作用,这是其他学科无法比拟的。因此,在实施教学的过程中,语文教师应该先要优选教育内容,同时关注学生整个学习过程,注重观察其情感的变化,深挖课本中的思政基因。

一、在现有课文中,寻找最佳的思政基因

讲读课文是小学语文教学中的关键所在,那如何在课文中深挖思政基因呢? 我觉得主要有三个方面。

(一)在语言文字训练中寻找思政基因

在日常教学中,思政教育与语文教学中最常见的语言文字训练应该是相契合的,两者是相互推动的。我们的小学语文教材中含有大量具有典型特点的文章。选用的课文大体上都运用了生动的语言完美地塑造了各种人物形象,抑或是寄托了高尚的道德情操,抑或是反映了作者的某种思想感情。在教学实践中,教师指导学生学习课文,每每都是从课文的字、词、句、段、篇逐层入手,引导学生体味作者是如何遣词造句进行创作的。

以往的语文课堂较为枯燥,但是随着时代的发展,新课程的推动,我们应

该将更多的技术、手段、工具以及思想运用到语文课堂中,让孩子们享受到"上一课而知天下事"的体验。

在以往的日常工作中,我们普遍存在着认识不足、队伍不强、内容和方式欠生动等问题,这影响着青少年思政教育的质量。如果让学生真正成为整个学习活动的主体,提高他们的学习本领,必须坚持以激发他们的兴趣为目标。由于小学生各方面发展不均衡且不完善,所以兴趣的激发显得更为重要。教师应充分意识到学生的语言表达能力的提高,借助自己独具特色的语言引导,以及富有变化的方法和组织形式,调动学生们的积极性,快速进入预期的学习状态。

(二)优化教学内容,渗透思政基因

小学生对社会认知不深刻,老师要以身作则,通过课堂教学、班级活动等,培养学生形成良好的生活习惯、学习习惯,并助其树立正确的人生观和价值观。

比如,在《升国旗》一课教学时,老师会播放天安门升国旗、奏国歌的视频,让学生直观感受升旗仪式的庄重,体会国歌的雄壮有力。单纯的文字并不能表现出整个仪式的庄严与肃穆,但是通过观察天安门广场升国旗人员的数量、表情等,让学生知道国旗是一个国家的尊严,每个中国人都要尊重国旗,热爱国旗。同时让学生们回忆周一升旗时是如何做的,身临其境。通过视频,学生可以初步理解"徐徐""飘扬"的含义,教师范读课文时,要注意"徐徐"的语速放慢,重读"多么""立正""敬礼"这些词语。老师范读后,借机突出"国",板书"国",用国徽(出示国徽图片)、国旗(出示五星红旗)、国歌(出示国歌《义勇军进行曲》歌名、歌词,并播放)组词,让学生明白这些都是中国的象征,每一位中国公民就要保护国旗,爱惜国徽,会唱国歌。为了进一步加强一年级新生适应教育的开展,培育孩子热爱国旗、尊敬国旗的意识,还可以播放《我和我的祖国》的电影片段,让学生感受林治远等人为第一次电动升旗所付出的努力,直观感受中国人民的爱国情怀。这既激发了学生的学习兴趣,又潜移默化地对学生进行了爱国主义教育。

(三)联系学生实际,深化思政基因

在语文课上,教材是教师开展活动的最有利抓手,坚持多启发、勤诱导,让学生多想自己的实际,在领悟思想感情的基础上,敢于倾吐自己内心想法,从而进一步受到课文思想的熏陶和感染。

如《我的弟弟"小萝卜头"》一课,教师可以在课上引导学生与"小萝卜头"进行比较,感受现在生活的美好。

在教学实际中,我们有时会忽视对学生学情的分析,许多课文脱离学生的实际生活,缺少共鸣,所以我们应该竭尽所能,帮助学生拉近与课文的距离,从感悟文字做起,回归文章,回归生活。

二、思政基因促成长,提升社会实践力

教育教学过程中,要给学生教授方法,培养其学习、生活的能力,引导学生勇于吃苦、敢于担当、乐于助人。挖掘出思政基因后不能仅停留在课堂,而是要延伸到社会,比如在暑假、寒假时,给学生布置综合实践作业,培养学生的创新能力和动手能力,鼓励孩子参与家务劳动,给爸爸妈妈做饭、洗衣服,陪爷爷奶奶散步,走进社区照顾孤寡老人,主动给低保户送温暖等,让学生把活动过程中的所作所为和感想用日记的形式记录下来,与他人分享成就感和快乐感。这样既提高了学生的动手能力,又让学生体验到了服务家人、服务社会的满足感,还提升了学生的文字综合能力和审美能力,以活动促学习,以学习助活动,做到有安排、有落实、有评比、有结果。把作文练习和思政教育结合起来,相比其他学科,更容易引起广泛的关注。

三、从教学设计开始,思政基因入课堂

课前教师要引导学生对所学内容、学习背景、思政目标进行梳理,为课堂教学的开展奠定基础。课内探究还要立足于教材,再次延展,适度补充主题相近、内容相似的课外学习材料。教师应明确在语文课堂上开展思政教育的目标是什么,要借助哪些手段引导学生达成目标。课后拓展更要让学生走进生活,帮助别人解决实际问题,为他人服务,为社会服务。

四、思政基因贯穿学生学习始终

谈起思政课,我们大多时候第一反应是认为这是大学教授和中学教师的

责任,最后才会想起小学生。小学阶段的思政教育更多地关注学生的品德及规范。但是思政教育各个阶段是无法分割的,很多时候是应该依次递进、接连发展的。小学更要搞好思政教育,把立德树人的根本任务落实到位。思政教育从娃娃抓起,从小事抓起,就像语文教育贯穿学生整个学习生涯一样,无法分割看待,也无法一蹴而就。

思政教育融入语文课堂,就是要把平时生活中点点滴滴融入教学活动。要把知识和道理融入活动中,让学生进入情境中,在玩中学,在学中玩。在长期的教学实践中,我们发现,在情境教学中,学生的感悟最深、理解最透。

做好思政教育融入语文课堂工作,教师要深入浅出,要"爱学生、爱职业、爱课程",借"小故事"来讲"大道理",让学生从小明白应该做什么,应该怎样做,应该如何影响到他人,传播正能量。

小学时代,学生们稚气可爱,生性活泼,对世界充满好奇和幻想,具有极强的可塑性。深挖语文课本中的思政基因,是小学语文教学的主要任务之一,是提升语文育人水平的重要手段。思政教育能帮助学生建立健康向上的学习和生活方式,让他们分清对与错。可以说,小学思政教育为学生的成长"埋下了一粒种子"或"点亮了一盏灯",帮助学生"系好人生第一粒扣子"。

语文学科的思政基因潜藏在每篇课文的字里行间,教师既要深入钻研教材,又要结合学生实际,灵活处理教材,把思想教育融入字、词、句、段、篇的学习过程中。把语文课堂延伸到家庭,延伸到社区,把创新能力的培养拓展到学生生活中去,鼓励学生勤于动手,善于思考,勤于总结。一切重在思想的引导,思想决定行为,一切都是为了学生的未来。我们要善于运用书本,深刻挖掘书本,也要抓住课本中的思政基因,时时进行思政教育。我们既要让思政教育有润物无声的效果,也要有惊涛拍浪的声势,真正把思政教育教到学生心坎里。

我们将以永远在路上的执著和韧劲,不断探索如何将思政教育融入日常课堂,提升教学质量。语文教育是工具,思政教育是灵魂。在育人之路上我们并不孤单,因为我们有目标,有抓手。

从体验入手，促进少先队活动的德育效果

高占英

如果说德育是学校教育的一朵奇葩，少先队这一阵地便是孕育它的一块沃土。也就是说，少先队工作是学校德育工作的重要载体，少先队活动也是少先队教育的基本途径和方法，更是少先队教育的主要手段。所以活动不仅能使学生得到体验，得到锻炼，得到发展，还能得到教育。因此，学校依托"多彩教育奠基精彩人生"的办学理念，以"把时间还给孩子、把活动还给孩子、把自由还给孩子"为教育宗旨，开展丰富多彩的教育活动，力求在活动中渗透品德教育，让孩子们的世界充满善良、和谐、健康与洁净。

一、规范要求——合理化的科学管理

学校少先队大队部配合德育，推出了"多彩的早晨""快乐的中午"和"自主的下午"的教育模式，并进行了合理化的科学管理。

（一）多彩的早晨

每周一升旗仪式上，针对重点节日对学生进行爱国主义教育。学校充分利用晨会、班会等时间组织学生认真学习《小学生守则》《小学生日常行为规范》，大力倡导文明新风，让"您好、谢谢"等文明用语成为校园流行语。

（二）快乐的中午

由红领巾广播站的队员们带来"礼仪之窗""百科知识""经典诵读""快乐驿站""安全直通车"五个板块的内容。通过广播不仅可以传达知识，还能

够拓宽少先队工作的宣传途径,使学生有更多的机会通过广播了解事物的美与丑,从而促进德育的渗透。

（三）自主的下午

少先队活动课走进课堂:学校首先成立了科研小组,定期开展交流研讨活动,把少先队活动课列入课表,利用每周五的下午第三节课进行活动,在活动课中,结合少先队活动中的"体验教育",让队员在课堂上充分体验"我能行",激励队员们争当标兵,提高课堂教学的有效性。

社团活动丰富多彩:德育工作不但要有针对性、经常性,还应该有主动意识和超前意识,为使学生的课余生活不成为德育的空间地带,就要靠我们去设计。我校根据专业的特点,积极组织各专业学科的社团活动,寓思想教育于各种活动之中。如:学校建立了年画、刻纸、舞蹈、电子琴、乒乓球等十五个校级社团和丝网花制作、剪纸、朗诵、成语乐园等三十六个年级社团。活动时间定于每周四下午,社团活动的开展不仅陶冶了学生们的性情,还丰富活跃了校园文化生活,又给人以美的享受,让学生得到宣传教育和熏陶感染。

二、建设队伍——专业化的导向引领

学校大队部注重辅导员队伍专业化水平的整体提高,为了使辅导员能在班级管理和活动中起到承上启下的作用,学校每学年都会举行中队辅导员例会和分级培训,并进行考核。学校定期组织辅导员进行交流,通过观看录像、活动设计、队会展示等,引导辅导员在交流中谈见解,在问题中搞研究,在展示中觅榜样,在争鸣中谋创新,因地制宜地开展少先队工作,实现了少先队辅导员专业成长的点上播种、面上开花。通过系列的研究与学习,提升了辅导员们的理论研究水平。

三、多彩活动——多元化的文化熏陶

（一）传统文化教育

学校开展"体验本土文化,争当红领巾小导游"主题教育实践体验活动。在活动中发挥少先队独特的组织优势,通过小导游社团等方式,开展古迹遗址文化、民俗文化、风貌名胜文化等丰富多彩的活动,用优秀传统文化引导、熏陶、感染学生。

（二）理想信念教育

学校为了使每一位队员都能受到理想信念教育,用中国梦激发孩子们心中的梦想,特开展了以"红领巾相约中国梦"为主题的系列活动,如"红领巾相约中国梦"主题队会、建队日活动,一年级新生入队等,活动中增强了少先队员对少先队组织的光荣感、归属感,引导少先队员感受先烈的报国志向和实现民族振兴、国家富强、人民幸福的理想追求。

（三）实践体验教育

从完善德育的途径来说,课堂教学作为主渠道,当然不容忽视,班主任工作、队活动等也十分重要,但社会实践活动的作用是不可替代的。因此,少先队大队部为同学们精心设计了实践体验教育活动,组织学生到希乐城进行职业体验;开展了军事夏令营活动;组织了雏鹰中队到附近小区义务打扫卫生等。我们还将"雏鹰争章"与体验活动相结合,在活动中营造浓烈的教育氛围,充分调动各种教育因素,引导学生主动成长,并在活动中潜移默化的渗透德育教育。学校开展了"手拉手"活动,参加活动的少先队员在活动中获得助人为乐、珍重生命、乐观向上的人生体验。在平安行动活动中,组织队员聆听了法治讲座,上街进行法治宣传,每月的最后一个星期五的大课间进行安全疏散演习等。通过这些实践,把学生带出了校园,开阔了学生的眼界,使德育工作把学校灌输教育转变为学生自主的感知体悟,强化了学生自我教育、自我管理、自我磨炼、自我约束的主体地位,满足了学生多方面的精神需求和身心发展的需要,收到了良好的效果。

四、正向激励——先锋化的榜样示范

毋庸置疑,少年儿童都具有很强的模仿性,因此,注重为他们树立身边的榜样,对于引领他们健康快乐成长起着无可替代的激励作用。一年来,学校培养了一系列队员当中的先进典型。优秀少先队员、红领巾监督员、文明岗等,为全体队员的全面和谐成长,提供了榜样示范。

五、注意关爱——个性化的展示平台

为了进一步扩大少先队组织的影响力和凝聚力,我们不断创新活动载体,拓展活动空间,丰富活动内容,搭建活动平台,开展丰富多彩的教育活动,力求在活动中实施渗透德育教育。如:三月份的"学雷锋活动"中,学校大队部带领部分队员走进托老院义务演出,为老人们送上了一朵朵的康乃馨,孩子们在活动中感受到了"爱"需要给予。植树节期间,学校开展了"争做绿色小使者"系列活动,通过护绿、养绿、爱绿,提高了学生对于花草树木的认知,并分头结组,定期为小树浇水、施肥。学生们还发出了护绿倡议,保护环境,爱护家园。学校四月份开展"传承红色基因,追寻先烈足迹"清明祭扫活动。学生们在纪念碑前宣誓,立志好好学习,长大后为报效祖国而不懈努力。祭扫活动一次又一次触动了孩子们的心灵,再一次培养了学生的爱国情感,教育意义颇为深刻。教师节通过学校家校通和红领巾广播站等,发出"绿色教师节"的倡议,倡导学生用健康的方式表达对教师的祝福。所有活动,老师们都用强而有力的大手牵起学生们的小手,用爱心架起了师生关系的桥梁。有爱,孩子们就是幸福的。此外,为了创造性地发挥学生的个性品质,学校致力于创特色活动。如"幸福读书节——跳蚤书市、朗诵比赛""健康体育节——田径运动会、广播操比赛""多彩艺术节——六一大型庆祝活动、西青区消夏晚会专场演出""快乐科技节——科技节亮本领"等活动,都为学生提供了展示自我的机会,享受成功的体验。此外,学校今年还推出"红色歌曲唱起来"的活动,开展红色歌曲歌咏大赛。百人绘画活动更是点靓了校园。孩子们在班级活动中感受和谐,在学校活动中体验到了快乐。

总之,少先队就是对少年儿童进行德育教育的一个重要的教育阵地,发挥少先队组织,教育引导少年儿童的健康成长,是我们的优良传统,也是势在必行的任务。因此,辅导员在少先队活动中应积极去探索,在探索中得出结论,创新方案,才能使孩子们充分享受童年的多彩和欢乐!

语文教学中培养小学生人际交往能力

张敬雪

　　小学教育面向的受教育对象是儿童,要更多地关注儿童的精神世界,使儿童的世界充满积极的幸福的力量和因素,这样,整个人类社会也就会自然地走向积极和繁荣。叶澜教授和她的生命教育学派认为,教育要培养出拥有生命自觉意识的人。所谓的生命自觉意识,其核心论点在于责任和关系。对自己的责任,对他人的责任,与社会和谐相处,与他人和谐相处这都是拥有生命自觉意识之人必备的特征。每一个生命都有觉醒和发展的能力,新兴的积极心理学理论强调从人的积极层面出发,发觉人的能力和潜能。日常教学生活中,教师用自己的人格素养滋养学生的生命内在,用知识素养为学生照亮发展之路。可以说,教师在学生的成长过程中扮演了相当重要的角色,其重要性几乎关乎到了学生的人生成败。而学生的积极心理品质的形成,很大程度上就受到了教师的影响。威廉姆斯等人的研究证实,当孩子的周围环境和老师、朋友都提供了最佳的支持、同情和选择时,他们最有可能拥有良好的心理健康和人际关系。这一问题在中国语文教学中也很受重视。《义务教育语文课程标准(2011 年版)》明确指出:在语文学习过程中,应让学生"初步学会文明地进行人际沟通和社会交往"。小学生生理、心理教育的特点决定了他们在人际交往中具有的问题是特殊的问题,因此有必要对小学语文教学如何培养学生的人际交往能力进行研究。

一、给予学生有利于培养交往能力的情景

教学情境是指激发学生从认知发展和参与行为,促成对所学内容进行意义构建的内外环境,既包括幻灯、标本、实验和生动形象的语言、规范的操作等直观情境,也包括富于启发性、思考性、探索性和创造性的问题情境,还包括教学物化环境、师生关系、合作形式、学习氛围等活动场景。在小学语文教学中善于启发他们的学习兴趣,多交流,多探究,以积极向上的合作形式完成所学内容,能够增强学生们的交往能力。

(一)课堂上建立平等、信任、和谐的人际关系

人际交往是轻松的、愉悦的,因此民主宽松的情感导向,往往能强化学生交往的欲望,激发他们的交际热情,给他们以信心和力量。

例如,在"语文园地七"中,老师提问:"如果你打碎了花瓶,你会怎么做呢?"好多孩子说自己要诚实告诉爸爸妈妈并道歉,有一位学生回答说:"我不敢告诉爸爸妈妈,因为怕挨打。"由此,老师说:"诚实是最好的品格,也是你父母最为你骄傲时刻,诚实告知并道歉,你觉得爸爸妈妈还会打你吗?"这位同学再次回答:"我不但要道歉,还要打扫干净,这样做更好。"这一案例说明,每个学生都有自己的思想,他们有权利表达,而老师所做的就是引导,这样可以成功维系师生之间的和谐人际关系,激发学生参与到交际活动中去。

(二)教师的语言魅力

课堂教学是教师最主要的工作言语活动。语文学科所独有的人文性学科性是其他任何学科所无法比拟的,这种语文课堂的"化育"功能更多的是通过教师的课堂教学言语展开的。语文课的魅力蕴含在其浓郁的语言文采之中,在教学言语中注重语言的艺术美,不仅能给学生带来美的享受,还能提高课堂的效率,在无形中提高学生的审美能力和语言表达能力。

例如,在学习《棉花姑娘》一课时,老师读出棉花姑娘请求的语气,引导孩子们做个有礼貌的好少年,与人沟通注意礼貌,请求别人时充满真诚,并让学生学会规范表达。在教授《王二小》这篇课文时,教师将道德思想的教育作用蕴含在动听的故事中,渗透在对英雄事迹的赞扬中,全课无一字的明确说教,

学生却在潜移默化中得到了情感的熏陶、道德的感化。

二、合作学习

合作学习以合作学习小组为基本形式,系统利用教学动态因素之间的互动,共同达成教学目标。"合作教学建立在满足学生心理需要的基础之上,这使教学活动带有浓厚的情感色彩。"

在小组合作活动中,小组成员之间可以互相交流,彼此争论,互教互学,共同提高,既充满温情和友爱,又像课外活动那样充满互助与竞赛;同学之间通过提供帮助影响了别人,同时又通过互相关心而满足了归属的需要。在小组中,每个人都有大量的机会发表自己的观点与看法,倾听他人的意见,使学生有机会形成良好的交际技能。因此有效运用合作教学的优势,对培养学生的人际交往能力大有裨益。

例如,小学生学习生字时,可以同桌为一小组互相学习,探讨读音及注意发音事项、字形的记忆方法,互相竞争组词,争当组词小能手,这样有利于提高学生学习的兴趣,提高了自主学习的能力,并且在表达中锻炼阐述自己想法的能力和合作能力,并吸收对方的思维方式,学会倾听。

三、关注学生在日常生活中的情绪障碍,关注学生细微的心理波动,并在教学中予以处理

"心理"是感觉、知觉、记忆、思维、情感、意志和气质、能力、性格等心理现象的统称,是客观事物以及他们之间的联系在头脑中的反映。小学生心理问题是小学生在身心成长和发展过程中出现的心理冲突、困惑、挫折、烦恼等心理失衡、失调和失误等心理状态不良、不适应学习、生活和社会的现象。新课标给新时代的教师提出了更高的要求:"培养学生高尚的道德情操和健康的审美情趣,形成正确的价值观和积极的人生态度,是语文教学的重要内容,不应把它们当作外在的附加任务。"由于语文课程本身的特殊性,更由于时代的发展,在传统的"传道、授业、解惑"的基础上,解开学生心里的疙瘩,已成为语文教师的分内之责。

小学生常见的心理问题：

依赖心理当前，独生子女学生越来越多，日益成为在校生的主体。他们有的在"糖水"里长大，从小受到父母的百般呵护、溺爱、娇宠，缺少独立意识，什么事情都要依赖家长。

在教学前，教师可让学生在课前以自己找资料的方式来培养独自解决问题的能力，在教学中，不动笔墨不读书，自己写写画画，尝试做笔记的训练。

自负自私狭隘心理由于父母的过分溺爱和娇宠，独生子女成为整个家庭的轴心，总认为自己比别人强，总想事事占先抢头，容不得别人超过自己，认识不到"山外青山楼外楼""强中更有强中手"。他们一旦遭遇挫折失败，受到委屈，往往意志脆弱，承受力差，痛苦不能自拔。

具有如此心理的学生需要老师长时间地引导、沟通，在课堂上可适当提问，注意运用多种评价。

（一）自卑心理

自卑心理是指学生由于各种原因对自己的品质、智力、能力等感到怀疑并做出过低评价所产生的心理感受。自卑心理一旦形成并得到发展，就会对人的心理过程和个性心理产生显著的消极影响，特别是中学生处于心理发展不稳定的年龄阶段，自我否定意识更容易引起情绪的巨大波动和思想观念的急剧变化，严重影响其学习和生活。

这类学生需要周围的赞赏表扬，老师在课上多关注他们，多鼓励他们，增强其自信心。在学习中，成功的体验有助于进一步激发小学生学习的求知欲和自信心；屡次失败则会使小学生学习兴趣低落、消极逃避等。自卑感就是产生于失败之后的体验。因此，老师要有针对性地为小学生提供获得成功的条件和机会，以敏锐的洞察力随时捕捉学生的闪光点并加以表扬，让他们在实践中积累成功的经验，在实践中体会和享受成功的喜悦，认识到自身的价值，从而增强自信心。

（二）易怒心理

所谓易怒就是指容易冲动、急躁，爱发脾气，喜怒无常，报复性强。现实生活中，有些中小学生常常会出现这样一种情况，本来遇到的只是一些鸡毛蒜皮的小事,而他却火冒三丈。

因此,教师要及时抓住机会,教会小学生一些简单易行的情绪调控方法和策略。比如,对于那些情绪容易冲动的同学,可以让他请一个稳重的同学在自己情绪冲动前提醒自己;在感觉到压力太大的时候,可以通过写日记、谈心的方法来舒缓压力;在情绪低落的时候,可以听听音乐,散散步。小学生掌握了一些具体的情绪调控方法,可以大大降低心理问题发生的可能性。《中小学心理健康教育指导纲要》中指出,我们要"提高全体学生的心理素质,培养他们积极乐观、健康向上的心理品质,充分开发他们的心理潜能,促进学生身心和谐可持续发展,为他们健康成长和幸福生活奠定基础"。心理健康教育的落脚点是为学生的幸福生活奠定基础,这与积极心理学培养幸福的人的核心目标是一致的,因此,可以看出,积极心理健康教育是心理健康教育的必然趋势。"学校教育是培养人的活动,学校教育最基本的任务应是让个体的积极力量与发展潜力获得充分自由的发展,并尽可能地让个体在教育教学活动中体验到满足、快乐和幸福"。另外,对于正在成长阶段的小学生来说,小学正是其性格养成的关键性时期,这时候,积极心理品质就像一种强心剂,如若注入学生的灵魂中,那么,教育培养出的人,一定是拥有足够积极、乐观、有力量应对一切风险挫折并且具有幸福感的人。由此可见,无论是出于时代对教育使命的诉求,还是出于教师对学生积极健康人格品质形成的责任,学生的积极心理品质形成都是至关重要的。

第二编

设计思政课堂有效教学

——思政案例篇

活动课"红领巾心向党　争做新时代好队员"

安学磊

一、活动名称

红领巾心向党,争做新时代好队员

二、活动年级

五年级

三、活动主题

爱国主义教育

四、活动背景

10月13日是少先队建队日,为庆祝少先队建立72周年,引导少先队员传承和弘扬光荣传统,了解天津改革开放以来的辉煌成就,增强光荣感和自豪感,激励少先队员听党话、爱祖国、爱人民、爱劳动、爱护公共财物,努力学习,锻炼身体、培养能力,强化爱国之志,为实现中华民族伟大复兴梦而不懈努力,特举办本次活动。

五、活动目标

首先,通过了解"红领巾"的成长经历,让队员感受到传承的意义和作用。

其次,进一步了解改革开放后天津的巨大变化,增强少先队员的组织归属感。

最后,表达少先队员纯真的感情和真实的心声,热情拥抱新时代,积极畅想新未来。

六、活动准备

物质准备:课件、音乐、组画、全场演出伴奏、活动视频、演员服装道具。

经验准备:在准备过程中,辅导员应尽量让队员多思考、多沟通交流,这样可以培养队员的创新能力和团体合作能力。辅导员应该根据队员的思考提出自己的建议,使队员思考问题的角度进一步开阔,鼓励队员敢于实践调查并勇于表达,同时也使他们学会倾听。

七、活动过程

(一)记忆篇:我伴领巾共成长

1. 听历史:"红领巾"的经历

分别由五个不同年代的代表("50后""70后""80后""90后""10后")讲述自己入队时间和相应年代红领巾的特殊的故事。大队辅导员带领全体少先队员宣誓。

通过以上环节,让队员们感受到不同时代的红领巾传承作用和意义,激发队员的荣誉感和自豪感,把诚实、勇敢、活泼、团结的少先队作风继续传承下去。

2. 讲体验:"红领巾"的故事

此环节由现场参加队课的同学分享自己与红领巾的故事。

通过队员分享"我与红领巾"的故事,了解队员身边发生的事情和新时代背景下少先队的感情和意义,激发新时代队员们对未来美好学习生活的向往和憧憬。

(二)实践篇:我擎旗帜共飘扬

1. 队旗飘飘,闪耀队员风采

舞蹈《红领巾飘起来》。

通过此节目的展示,展现少先队员的蓬勃朝气、童心向党、积极进取的集体氛围和新时代好队员的风采,以抒发每一位少先队员对祖国的深切情感,增强其作为中国人的自我认同感和民族自豪感,激发队员们勇于承担使命,发挥拼搏进取精神,为肩负中华民族伟大复兴中国梦而时刻准备着的强烈意愿。

2. 党旗飘飘,重温红色精神

吉鸿昌之女讲述其父亲的英雄故事,队员们畅谈故事感想。

让少先队员们在故事中接受熏陶,在潜移默化中受到教育,深刻感悟现在的幸福生活来之不易,增强其生活在新时代的幸福感。

3. 国旗飘飘,点亮心中瞬间

首先,大屏幕播放"祖国我想对你说"的视频,接着由现场的少先队员和大家分享自己"与国旗同框"("向国旗敬礼")的照片以及背后的故事。

通过本环节展现少先队员对国旗的骄傲感和自豪感,于分享中体现少先队员对祖国纯真的情感以及心中的祝福,从而表达出当代队员热情拥抱新时代、积极畅想新未来、共同筑造中国梦的强烈愿望。

(三)畅想篇:争做新时代好队员

1. 童绘——我的家乡

通过绘画作品展示新时代天津的变化。少先队员们利用一幅幅绘画作品,跨时空、多角度地展示出改革开放以来天津的发展与建设成果,映射祖国建设之全貌。

2. 童述——我的梦想

朗诵《少年中国说》。通过少先队员们的朗诵,增强少先队员们的责任感和使命感,引导少年儿童为实现中华民族伟大复兴的中国梦而奋斗。

3. 童唱——我的梦想

集体合唱《歌唱祖国》。通过此环节展现新时代少先队员的精神面貌,通过歌声为祖国献上生日的祝福,从而激发大家对祖国的热爱之情和对梦想的追求。

八、活动延伸

围绕"追寻红色记忆"的主题,通过演讲故事、诗歌朗诵、制作板报等形式弘扬爱国精神。课后,通过讲故事等活动,缅怀学习革命英雄,分享学生们的光荣和幸福感,做好我们应该做的事情。

"顺序结构初体验——我是疫情防控小卫士"教学设计

常丹杰

一、教材分析

"顺序结构初体验——我是疫情防控小卫士"的授课对象为小学五年级学生。依托网易卡搭线上编程平台进行教学。本节课主要用到动作指令组中的"移动到"、控制指令组中的"等待"和外观指令组中的"说"等积木块。

顺序结构具有浅显易懂的特点，是三大程序结构中最基础的一部分。学生在前面的学习中已经认识了可视化编程的窗口界面和八大指令组，本节课是前面学习内容的深化，也为后面循环结构和分支结构的学习奠定基础。

二、学情分析

本节课的授课对象是小学五年级学生，五年级的学生已有一定的逻辑思维能力和分析能力，并有自由探究的欲望。他们对于图形化编程有浓厚的兴趣，学习积极性很高，通过前面的学习，学生对图形化编程软件有了一定的了解，对软件的窗口界面及功能和八大指令组有了一定的认识，对本节课的学习具备了一定的知识基础，但是，对于算法、流程、程序设计等思想，却比较薄弱。

三、教学目标

笔者以信息技术学科核心素养为支撑,制定了本节课的教学目标:

（一）信息意识

1. 了解可视化编程中,顺序结构的特点。

2. 培养用顺序结构的程序语言去表达、解决生活中问题的意识。

3. 利用人工智能机器人辅助教学,带领学生初步感知人工智能。

（二）计算思维

1. 通过分析将情境中的问题转换为顺序结构流程图,体验其在程序设计中的重要性。

2. 通过拖拽积木的方式编写程序来解决生活中的问题,初步体验程序设计的过程和算法。

（三）数字化学习与创新

通过程序设计和指令的学习,能创造性地解决生活中类似的问题。

将自己的程序设计作品发布到卡搭平台共享社区,供同学们讨论交流。

（四）信息社会责任

1. 通过程序设计解决现实问题的过程,启发学生对生活中的问题进行分析和思考。

2. 通过新冠肺炎疫情防控这一主题,增强学生的社会责任感,提高学生自身的防护意识。

四、教学重难点

《基础教育信息技术课程标准(2012 版)》指出,程序设计是基础,算法是核心。基于此,笔者确定了本节课的重难点。

（一）教学重点

1. 分析生活情境中的问题,绘制出问题解决的流程图。

2. 通过流程图完成程序设计。

（二）教学难点

根据流程图,选择恰当的指令进行程序设计。

五、教学策略

本节课围绕"我是疫情防控小卫士"这一主题,引入人工智能机器人助教,依托网易卡搭线上编程平台,采用任务驱动法和分层教学法,以国内外疫情防控作为导入,以活动的开展和任务的完成为依托,帮助学生体会算法,绘制流程图,感受顺序结构的特点,选用合适的指令,完成简单的程序设计。并把作品上传到网易卡搭平台共享社区。

六、教学环境

网络机房、电子白板、网易卡搭编程平台、课件。

七、教学过程设计

(一)创设情境,激情导入

教师:同学们,2020 年,你印象最深刻的事件是什么呢?

(学生回答自己印象最深刻的各种事情。)

教师:很多同学印象最深的是新冠肺炎疫情,这对于全世界人民来说都是一件大事。你知道哪些疫情防控的小知识?

(学生回答疫情防控的小知识。)

教师:你们知道得真多! 老师现在授予你们"疫情防控小卫士"的称号,请班长到前面来领取证书!

教师:老师今天还邀请了一位神秘的朋友来加入我们的队伍,咱们看看他是谁呢?

机器人小智:大家好,我是人工智能机器人小智,今天我来跟大家一起学习"顺序结构初体验——我是疫情防控小卫士"一课。我给大家带来了两张关于国内外疫情状况的图片,从图片上你能获取哪些信息呢?

教师:谢谢小智,咱们先来看第一张,从这张图里,你知道了哪些信息?

(学生根据图片回答问题。)

活动目的:通过出示国内外疫情的现状,使学生意识到当前疫情防控的必要性,增强他们作为"疫情防控小卫士"的责任感和使命感,调动学生参与课堂活动的积极性。

(二)自主学习,探究新知

教师:小智告诉我们要勤洗手,勤通风。同学们,你们知道怎么才能把手洗干净吗?我们一起来看一个视频。

教师:你能概括出正确洗手的顺序和步骤吗?

(学生概括出洗手的七个步骤:开始—搓手掌—搓手背—十指交叉揉搓—手指相扣揉搓—搓拇指—搓手心—搓手腕—结束。)

教师:我们把洗手的七个步骤加上一个标记,就变成了七步洗手法的流程图。咱们绘制好了流程图,看看小智有没有什么要跟我们分享的?

小智:同学们,首先恭喜你们绘制出了流程图。我想跟大家分享两个小知识。第一个小知识叫"顺序结构",像七步洗手法这样,先搓手掌,再搓手背,这一系列有先后顺序的动作就叫顺序结构。第二个小知识点叫"算法"。算法通常指按照一定规则解决问题的步骤和方法。生活中处处存在"算法"。比如我们包饺子,要先和面,其次和馅,然后擀皮,再包饺子,最后煮饺子。这一系列动作,就是算法。

教师:同学们,你还知道生活有哪些像七步洗手法和包饺子这样的有顺序的算法吗?

(学生回答问题。)

教师:哇,你们都能举一反三了,真棒!

活动目的:通过绘制流程图,使学生感知结构顺序的特点,培养学生的信息意识。通过本次活动,学生已经具备绘制流程图并根据流程图进行简单程序设计的能力,从而突破本节课重难点内容。本活动首先呈现出问题情境,然后分析出问题模型,引导学生自主绘制出流程图。通过绘制流程图,使学生感知结构顺序的特点,培养学生的信息意识。

(三)小组合作,讨论交流

教师:警报响起,我们来问问小智,发生了什么事?

小智:小卫士们,我们的校园又出现了新情况。现在我们需要召集小卫士们,大家以小组为单位,选取一个主题,分析讨论,绘制出流程图,进行程序设计,来帮校园解除警报。

小智:主题一:有人走进教室没戴口罩,请你走过去,然后提醒他:"同学你好,请佩戴口罩。"主题二:学校里小明、小红和小强扎堆聚集,请你走过去,提醒他们:"请不要聚集。"然后他们跟你说:"谢谢你的提醒,我们下次一定注意。"主题三:请你先走到小明、小红和小强身边,然后采访他们:"新冠肺炎疫情期间,让你印象深刻的抗疫英雄是谁?"请他们分别告诉你自己心中的抗疫英雄。

小智:现在请大家以小组为单位,讨论选择出一个主题,并绘制出流程图并思考一下,对应的每一步,应该用哪个指令来实现?

(学生以小组为单位进行讨论交流,确定选题,讨论总结出流程图,进行程序设计。)

教师:有哪个组愿意来给大家汇报一下你们讨论的结果?

(学生小组汇报。)

教师:看来大家对自己的主题都有了自己的想法和设计,那你现在能动手用程序来实现吗?

活动目的:本活动给学生提供三种不同于活动一的差异化问题情境,在活动一学习的基础上,让学生去解决新问题。学生以小组为单位进行交流讨论,根据自身情况进行选择。通过讨论,设计流程图,创造性地进行程序设计,培养学生的计算思维能力。活动后各小组将作品发布到平台的共享社区。

(四)作品展示,成果交流

教师:老师看到基本每个同学都设计出了自己的程序,现在咱们来欣赏一下大家的作品。我们可以依据评价量表,对自己和他人作品进行评价。

评价量表	
内容	主题明确，故事流程层次清晰。
技术	舞台背景契合主题，选角合理，指令使用恰当。
界面	界面简洁、美观，图文、色彩搭配协调。
创意	内容表达有创意，程序语言表达清晰，有亮点。
程序	程序结构正确，程序语言表达正确、合理，实现了预设的功能。

教师：（请学生自评）请你先来介绍一下自己的作品，你觉得哪些功能自己比较满意？有哪些内容是你想实现却没有实现的？

教师：（请学生评价）哪位同学愿意来评价一下这位同学的作品？

教师：（教师评价）教师对作品进行点评并提出合理化建议。

（同学们各抒己见，集思广益，一起完善作品。）

活动目的：通过展示交流，检验学生的学习成果。

（五）总结

教师：同学们今天这节课你都学到了什么呢？有什么收获？

（学生进行回忆、总结。）

教师：咱们请小智总结一下吧。

小智：通过本节课的学习，大家知道了什么是顺序结构和算法，学会了绘制流程图并根据流程图设计算法，还学会了移动、控制、外观等指令的用法。

活动目的：通过总结提升，强化本节课的学习成果。

（六）延伸拓展

教师：小智对于今天小卫士们的表现还满意吗？有什么寄语要留给我们的小卫士们？

小智：我对于小卫士们今天的表现非常满意。我希望课下，小卫士们也能仔细观察生活，看看在你身边还有哪些问题可以用顺序结构表达，并尝试进行程序设计。

活动目的：启发学生留心观察生活，引导学生对生活中的现象和问题进行分析和思考。鼓励学生自主创新，培养学生发散思维。

八、板书设计

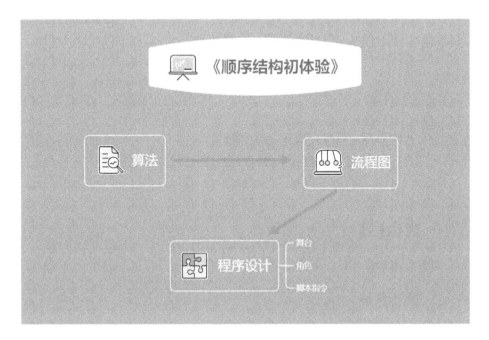

"美丽中国字"

——少先队活动课实录

杜云鹏

一、活动主题

美丽中国字

二、活动目标

一是了解汉字的起源、特点、演变等汉字基本知识。

二是养成队员们对汉字的热爱和自觉书写规范字的意识。

三是激发队员们对祖国传统文化和社会主义核心价值观的认知。

三、教学重点

一是了解汉字基本知识,从汉字的遣词造句中解读社会主义核心价值观。

二是激发队员对祖国汉字文化的探索兴趣。

四、教学难点

一是活动中如何恰当、合理地分工协作。

二是前期资料搜集工作和准备需要到位、充分。

五、课前准备

辅导员、队员搜集有关汉字知识的材料。

明确各队员任务,布置中队长任务。

六、活动内容

(一)交流发言,牢记使命

中队长:同学们,每周一次的少先队活动课让我们受益匪浅,(口号对接)少先队——活力四射,活动课——创意飞扬。

中队长:队员们,你们准备好了吗? 辅导员老师,我们这节活动课可以开始了吗? 五年一班魅力雅韵中队活动课"美丽中国字"现在开始。

中队长:队员们,课前我们布置了搜集汉字资料的任务,你们完成了吗? 谁来和大家分享一下你的资料呢?

队员 A:汉字,亦称中国字,是中国、日本、朝鲜半岛、东亚及东南亚部分地区广泛或曾使用的一种文字,属于表意文字的词素音节文字。

队员 B:我原先以为汉字只是我们中国的官方用字,但是在搜集资料时我发现汉字居然还是新加坡的官方文字。

队员 C:汉字的影响力非常巨大,对日本、朝鲜和越南的文字有很大的影响。

队员 D:汉字其实也是经过了漫长的演变的,在成熟期以后,经历了甲骨文、金文、小篆、隶书、楷书五个阶段。

队员 E:我搜集到了几组数字:首先,汉字至今至少有 7000 多年的历史,是世界上唯一连续使用至今的文字。其次,汉字目前是全世界使用人数最多的文字,据统计,使用汉字和汉语的人数达到 16 亿以上。

队员 F:汉字有很多优点,比如读法最动听、写法最优美、观看易辨认、意思很好懂且形象直观。

中队长:作为少先队员,我们要时刻提醒自己,做事认真、仔细,对待任务要努力完成。我能看出,队员们在搜集资料这个任务上是下了很大工夫的。因此,我决定,每组获得"搜集达人"奖章一枚。

(二)说文解字价值观

中队长:在活动前,辅导员老师给我出了一个主意,让我考考大家能不能准确说出我们的社会主义核心价值观,谁来?

(随机叫起一名队员来完整背诵社会主义核心价值观。)

中队长:你们说得不错,但是我们这节活动课是关于汉字的,大家谁能从汉字的角度来解读一下我们的社会主义核心价值观吗?

队员 A:这可难不倒我们,在社会主义核心价值观刚公布时,我就听说了对"和谐"的解释,"和"字由"禾"和"口"组成,"谐"是一个"言"字旁加一个"皆",组合起来就是人人有饭吃、人人都能说话的意思。在这样的社会中不就是和谐社会吗?

队员 B:我也知道一些,我知道"爱"字的繁体字怎么写,爱字的繁体字中间还有一个心,杜老师以前告诉过我们,爱国就要用心去爱。

中队长:是啊,你可以来给大家写写吗?

队员 B:我让你们看看新世纪少先队员的汉字书写风采。(边说边在黑板上写下繁体的"爱"字,台下掌声雷动。)

队员 C:我来说说"友善"吧。在这学期"遨游汉字王国"的学习中,我对古文产生了兴趣,正巧那天看到了"善"字。在古代,羊是很重要的动物,羊肉可吃、羊奶可喝、羊毛可穿,更重要的是羊羔在吃奶时是跪着的,讲究孝道。羊字下面还有言,是说的意思,就是告诉我们对待他人言语要和善。

队员 D:听了刚才同学的介绍,我突然对"富强"有了一点想法。你看"富"字,上面一个"宝盖头",下面是一口田,这不就是说如果每个人有了一点够自己吃饱的田地就可以无忧,有田、能吃饱、能干大事,这就自然富裕了,民富则国强。

队员 E:杜老师和你沟通时恰巧被我听到了,我们小队今天给大家准备了一个核心价值观的快板表演,大家想欣赏一下吗?

中队长:有请!

甲:打竹板,站台前,我们几个走上台。

乙:打竹板,乐开怀,各位同学听我言。

丙:我是祖国新一代,胸怀理想意志坚。

丁:谈理想,说人生,人生需要航标灯。

甲:社会主义价值观,勾画未来美图景。

乙:二十四字要记牢,中国梦想刻于心。

丙:富强就是富又强,民主就是民做主。

丁:文明花开遍城乡,和谐社会幸福路。

甲:社会自由久奋争,人民权利谋平等。

乙:公正无私心比心,依法治国是精神。

丙:人人爱国我当先,爱岗敬业做贡献。

丁:诚信正派人格强,友善有爱平凡愿。

齐:社会是个大家庭,相亲相爱一家亲。

中队长:既然你们带来了快板表演,那我们也不能示弱,魅力四人组要高歌一曲,掌声欢迎我的三位搭档,我们为大家带来一首《中国字》。

辅导员:你们唱得不错,但是我更欣赏你们这首歌的歌词。我是第一次听到这首歌曲,但里面的"一笔写好字,一生做好人"给我很深的触动。我觉得,你们作为少先队员,一定要有这种朴素的思想,严格要求自己,哪怕是一笔一画。我们一定要做一名优秀的少先队员,做一个一生的好人。

(课堂响起了雷鸣般的掌声。)

中队长:辅导员的发言和大家的掌声也让我觉得选择这首歌曲选对了,可以看出来我们大家作为少先队员对自己的要求还是非常严格的,对于我们的国家也是有着深刻的感情的。下面我们一起来做一个游戏吧,这个游戏就叫作——汉字接龙价值观。

(三)汉字接龙价值观。

中队长:少先队员们,刚刚我们一起再次熟悉了社会主义核心价值观,这个游戏就和价值观有关。请大家看大屏幕上展示的社会主义核心价值观,这12个词由24个字组成,我们的游戏就从这24个字出发。请每名队员说一个具有积极意义的成语,里边要用上这其中的一个字。你们准备好了吗?

中队长运行大屏幕白板软件中的"随机抽取"功能,出现照片的同学要迅速说出成语,三秒内不能说出,要背诵社会主义核心价值观。

经过随机抽取,队员们说出了好多成语,如:富丽堂皇、富可敌国、学富五车、富国强兵、繁荣富强、国富民强、自强不息、发奋图强、博闻强识、坚强不屈、国计民生、为民除害、爱民如子、当家作主、先入为主、文质彬彬、温文尔雅、自知之明、正大光明、和气生财、和蔼可亲、和颜悦色、自由自在、毛遂自荐、由来已久、一马平川、天下太平、太平盛世、平心静气、愚公移山、奉公守法、大公无私、想方设法、奉公守法、励精图治、爱不释手、爱国如家、精忠报国、毕恭毕敬、肃然起敬、安居乐业、兢兢业业、诚心诚意、诚心实意、取信于民、信手拈来、岁寒三友、多多益善、尽善尽美、乐善好施……

中队长：队员们真是太棒了，居然说出了那么多有意义的、积极向上的词语。相信这个活动也让我们更深入地了解了社会主义核心价值观，同时也对我们的祖国更加充满信心，下面有请辅导员做本节课的小结。

（四）辅导员小结

辅导员：队员们，这节活动课我们从汉字的角度解读了社会主义核心价值观，选择了"一笔写好字，一生做好人"的歌曲《中国字》，从活动中，我们体会到了汉字独特的魅力，从汉字独特的魅力中也加深了对社会主义核心价值观的理解。大家课前搜集了很丰富的资料，我们从这些资料中了解了祖国汉字悠久的历史，通过遣词造句让我看到了我们少先队员的词语积累和对祖国无限的美好愿景。相信大家通过本次活动课，对每天都接触的汉字有了更广泛的了解，对社会主义核心价值观更是有了深入的认识。

"杨柳青剪纸年画艺术"

方 荣

一、活动名称及对象

活动名称:杨柳青剪纸年画艺术教学活动设计。

活动对象:小学四年级学生。

二、活动目标

知识与技能:通过运用剪纸的基本技法,尝试设计图案、创作剪纸作品,培养学生的动手能力和创造能力。

过程与方法:在探究剪纸作品的制作过程,培养学生感知事物、自主探究的能力,并在小组合作研究中提高观察能力、协作能力和交往能力。

情感态度与价值观:通过学习鉴赏广为流传的剪纸年画艺术,理解丰富的民俗寓意,培养学生对家乡传统文化的认同感,增强学生保护和发展这门民间艺术的意识,在活动中增长学生们的见识,激发了他们以家乡为荣的自豪感和责任感。

三、活动准备

(一)经验准备

搜索调查杨柳青剪纸年画的资料、历史典故、年画故事图片、视频、课件等。

去当地民俗馆、年画馆进行实地考察,走访调查家中长辈,了解年画的由来并对收集资料进行整理。

(二)物质准备

制作剪纸年画的工具:刻刀、剪刀、彩纸、胶棒、垫板等。

准备具有代表性的剪纸作品。

四、活动过程

(一)回顾导入,交流资料

教师:下面我们请每一组的汇报员将你们课前完成的对杨柳青年画的研究调查资料与大家分享。

小组汇报员上台展示。

小组1:杨柳青年画题材广泛、内容丰富、构图饱满、寓意吉祥,其采用刻绘结合的特色手法,刻工精美、色彩绚丽,被公认为中国民间木版年画之首。自明代崇祯年间始创以来,杨柳青年画以其历史积淀厚重和文化连续性的特征而扬名海内外。

小组2:杨柳青年画按表现内容可分十类:娃娃类、仕女类、仕女娃娃类、民俗类、时事类、故事类、戏曲类、神类、佛类、风景类。

(二)学习剪纸年画的技法

教师出示《连年有余》年画:"同学们,这幅名扬中外的年画大家都熟悉吗?你们在哪见过它呀?我们看这幅画里有什么?"

学生:这幅图里有莲花、鱼、娃娃、莲蓬等。

教师:这幅画里为什么有这些图案呢?它的寓意是什么?请大家观看视频,找寻你们的答案。

教师:同学们,通过刚才连年有余的介绍,你们了解这幅画的含义了吗?

教师:莲花和鲤鱼组成的吉祥图案的玉器,表示对生活优裕、财富年年富余的愿望,而莲花寓意着出淤泥而不染,象征单纯,美好。老师希望同学们能像莲花般那样纯洁、向上。同学们想不想体验一下亲手剪出美丽的莲花的感觉?

教师播放剪莲花视频,引导学生观察剪莲花可以分为哪几步。

学生交流,总结折叠法剪窗花的步骤:一折、二画、三剪、四展。

教师:通过折、画、剪、展四步我们就可以制作出想要的莲花啦!

(三)动手剪一剪

教师:大家知道了如何剪,我们就来实际动手操作一下吧!

学生熟悉四角折剪折法。

教师:下面就请同学们用刚才学到的方法,根据屏幕上的图案来动手剪一剪吧!老师有几点温馨提示想送给大家:使用剪刀等工具时请注意安全;剪纸过程要讲究卫生,保持作品整洁;学生动手操作,小组成员之间要团结互助。

教师巡视辅导,由学生选出优秀的莲花剪纸作品。

(四)实战演练,创意无限

教师:刚才同学们都能根据老师出示的图案剪出美丽的莲花,真是心灵手巧!我们每个人都是巧手小明星!此外,杨柳青年画寓意独特,题材广泛,包罗万象,你还知道其他年画图案吗?

学生:莲蓬、鱼、肚兜、长命锁、长寿桃、帆船、扇子……

教师:你知道这些图案的寓意都是什么吗?

学生:莲蓬寓意连生贵子;鱼与"余"谐音,鱼在我国有"吉庆有余"的象征;扇子与"善"谐音,寓意心中要有他人,要与人为善……

教师:让我们一起进入实战演练场来实战演练一下吧!小组成员之间要团结互助,稍后我们比一比谁剪的年画最有创意。

教师:剪纸艺术的创意之美体现在:精工的剪纸技法、多样式的构图形式、寓意图案的巧妙设计。

五、活动延伸

挑战成功的同学把剪纸贴在书签上,可以制作成年画剪纸小书签,教师与学生做评委选出优秀作品。大家将杨柳青剪纸年画出示在成果展示版并说出自己所剪的年画所蕴含的意义。

"友善相待"教学设计

付　铮

一、教学目标

学生知道公共生活中人与人相处需要平等相待,树立相互尊重、平等相待的观念;理解人与人相处需要平等对待;了解友善相待的具体做法。

二、教学重难点

教学重点:友善相待的具体做法。

教学难点:增强友善相待意识,传递社会正能量。

三、教学准备

学生搜集抗击新冠肺炎疫情英雄的事迹,教师准备多媒体课件。

四、教学过程

(一)环节一:激情引入

教师:同学们,你们爱听歌吗? 现在老师给你们带来一首歌曲,请大家欣赏,会唱的同学可以跟着一起唱。

教师播放歌曲《爱的奉献》。

教师:"只要人人都献出一点爱,世界将变成美好的人间。"爱心让世界变得更温暖、更美好。2020年注定是不平凡的一年,大家取消了聚会,取消了出游,都待在家中。因为待在家,确保自己不被新型冠状病毒感染,就是在做贡献。但有那么一批人,他们不顾自身的安危,冒着被传染的风险,工作在一线,抢救着病人。也有那么一批人,尽己所能,冒着风险,为前线捐送着物资。这就是奉献,爱的奉献,对我们的国家、我们的民族的爱的奉献。

教师播放一线医务人员和爱心人士照片。

教师:今天我们也参与进来。今天我们就来学习《我参与我奉献》这一课。

(教师板书课题。)

教师:这节课我们先来走进"友善相待"板块。

(教师板书"友善相待"。)

(二)环节二:新知探究

教师:同学们,你们对"友善"了解多少?

(学生畅所欲言。)

教师出示幻灯片:"友善本义是指朋友间的亲近和睦,后来指友好待人、与人为善。友善既是处理人际关系的基本原则,也是现代公民道德的基本规范。"

教师小结:人与人相处需要平等相待。建设和谐美好的社会生活,需要彼此关爱,相互帮助。

1. 献爱心

(1)教师播放音频——免费爱心早餐

教师:不论严寒酷暑,环卫工人大多凌晨四点出门,早餐就吃自带的干粮。一位餐馆老板看到环卫工人很辛苦,就每天清晨为所在地区的环卫工人提供免费早餐。许多到餐馆用过早餐的环卫工人说:"进了店暖暖的,主人也很热情。吃了之后,浑身都很温暖。"餐馆老板表示:"看到这些'城市美容师'长年风餐露宿很辛苦,我一直想着能为他们做些什么。我个人所表达的仅仅是一份微不足道的心意。"

教师播放课件:有人说:"餐馆老板提供的不仅是免费早餐,而且是浓浓的爱心。"你赞同这种说法吗?请你说说自己的理由。

（2）合作交流

教师:公共生活中,我们可以为身边需要关爱的人做些什么呢? 比如遇到问路的外地人,我们可以热心指引;去餐馆吃饭,服务员给我们上菜,我们可以表达谢意……

（3）全班汇报

（4）"我可以……"

教师请学生回答:

教师:看见地上有垃圾,我可以……遇见残疾人过马路,我可以……同学遇到难题,向我请教,我可以……

（5）教师小结

教师:有秩序的公共生活会让社会环境更加舒适宜人,使我们感受到生活的美好,生活质量得到提高。平等友善可以传递正能量。在温暖的友善传递中,我们相互理解、相互尊重,我们的社会将会更加美好!

2. 传递友善

（1）"爱心衣物捐赠"活动

教师:某社区居委会计划开展"爱心衣物捐赠活动",为此,居民们提出了两种方案(教师出示社区的两个捐赠方案)。两种爱心方案,你更欣赏哪个?说说你的理由。请同学们在小组内讨论一下。

教师小结:(展示幻灯片)我们要用心了解他人的需求,尊重他人的隐私,以平等友善的态度对待需要帮助的人。

（2）爱心传递

教师:请同学们阅读"阅读角"中的《一方有难,八方支援》。

教师:同学们,谁来说说你的阅读感受?

（学生谈自己的读后感。）

教师:2020 年,新冠肺炎疫情暴发,在抗击疫情战役中涌现了很多英雄,他们舍小家,顾大家。课前大家搜集了哪些抗疫英雄的事迹? 现在我们来交流一下。

教师:老师虽不能像医护人员那样奔赴一线,但老师在家也在为抗击疫情做出了自己的贡献。疫情期间,老师先后六次参加社区志愿服务;在组织好学生按时上好网课的同时,还积极为我区学生录制九节网课;为武汉地区的孩子录制了三节网课。此外,老师还为武汉捐款200元钱。

教师小结:建立和谐美好的社会生活,需要互相帮助,需要献出自己的爱心,同时,受帮助者也要学会感恩。

3. 关爱他人,共同行动

教师:每个社会成员都要肩负应尽的责任,多理解他人,为他人着想。同时,我们也需要国家和社会提供有效的保障。

读法规,谈感受。

教师:请同学们阅读下面的法律规定。

(教师展示幻灯片,学生自由读。)

教师:大家发现这些法律规定有哪些共同之处?

(教师展示幻灯片,提示:关注弱势群体,弘扬社会正义。)

教师:同学们,我们来看看社会中还有哪些措施体现了国家对每个社会成员的关爱。

(教师展示幻灯片:扶贫、残疾人专用通道、爱心座椅、红丝带、关注留守儿童等图片。)

教师指着第一幅图(扶贫):我国采取了一系列精准扶贫的措施,如天津市西青区与西部甘肃、新疆等地区建立了帮扶措施,我们的公务员、事业单位、工厂、社区、村都积极认购贫困地区产品。

教师指着"残疾人专用通道"和"爱心专座"图片:同学们,你们知道这是什么吧?"红丝带"是河南省焦作市发起的关注艾滋病的大学生组织。除此之外,我们国家制定了一些利于留守儿童成长的法律法规以及一些帮扶政策。

4. 教师小结

教师:我们身边有一些弱势群体,他们需要更多的关爱。我们应当平等地对待他们,自觉维护他们的合法权益,并为他们提供力所能及的帮助。社会需要关爱,人人都应行动起来。我们要学会关爱他人,关爱弱势群体,与人为善良。让我们共同行动,为创建和谐社会贡献自己的一分力量。

"诚信是一种力量"教育活动设计

高敬怡

一、教学目标

知识目标:通过此节课,同学们能了解到诚信的含义和基本内容,认识到诚信的基本要求是要对他人诚实守信,对工作、学习负责,感受到诚信是每个社会公民立足于社会的通行证。

能力目标:通过这节课,可以培养学生的观察和分析能力,提高学生为人处世与社会生活的能力以及明辨是非的能力,引导学生在今后的学习和生活中遵守信用,诚实做人。

素质目标:增强学生对他人、对社会、对家庭的责任感,正确地树立为人处世的态度和守信为荣、失信可耻的道德观念,向学生大力弘扬中华诚实守信的美德。

二、教学重难点

(一)教学重点

理解诚信的含义和基本内容即对人诚实守信,对工作、学习负责,纠正某些学生们在诚信做人方面的错误认识。

理解诚信是社会公民的立身之本、人际交往之道,是中国民族的传统美德。

鼓励学生在日常生活中努力践行诚信,做一个诚实守信的人。

(二)教学难点

理解诚信为本。了解生活中践行诚信的复杂性。

三、教学方法

问卷调查法、典型事例分析法、才艺展示、动手操作法。

四、教学准备

教师:制作课件,课前进行问卷调查,绘制统计表;组织学生收集正反两方面的诚信故事。

学生:设计标语,排练演讲、朗诵、相声,收集关于诚信的故事。

五、教学过程

(一)课前导入

1. 诚信大调查,总结调查问卷的情况

教师:同学们,课前老师对咱们班的同学进行了有关诚信的问卷调查,根据调查的结果,老师绘制了一幅统计表。从表上的数据统计我们可以看出,在咱们班有68.3%的同学能够做到以诚待人,诚信做事,但仍有31.7%的同学在平时的生活中不能以诚相待。那么今天我们就来一起学习一下诚信的重要性,了解诚信的力量。

(教师板书课题:诚信是一种力量。)

(二)课程新授

1. 解释课题

教师:同学们,现在我们一起来看一幅图。从图片上,你能看到了什么?

(学生答:诚信的力量。)

教师:诚信是什么意思? 诚信,通常用来形容一个人诚实,说话算数,遵守信用。在日常生活中,我们经常会用到一些词语来形容,你能想出几个吗?

2. 诚信大讨论

教师:课前让大家搜集了一些讲诚信的小故事,同学们都收集到了哪些?

下面请大家以小组的形式进行汇报。

教师:听完了这些小故事,大家想想,里面的主人公哪里值得你学习?

教师:在大家的生活中,有哪位同学答应了别人的事能办到的? 都分别是什么事情? 我们有请一个小组进行汇报。

教师:大家还搜集了哪些不讲诚信的小故事?

教师:在你们的日常生活中有没有失信于他人的事情? 请大家以小组的形式进行汇报。

教师:看来我们每个人在生活中都要以诚信为本,诚实待人,诚实做事,别人才能以诚相待。那么生活中我们怎样才能做到诚信呢?

3. 诚信大行动

教师:让我们把自己的信心化为行动吧!

演讲:《诚信是一种责任》。

教师:从演讲中我们学到了什么?

相声:《争当诚信人》。

教师:我们要学习这两位同学的什么地方?

诗朗诵:《我们呼唤诚信》。

(三)诚信标语设计及展示

教师:请各个小组合作设计几条弘扬诚信的标语,如:人人讲诚信,事事守信用,等等。

教师:同学们说得、做得都特别好,我们弘扬诚信,不仅仅是现在,将来我们走上社会,处处都要讲求诚信,诚信是一种力量。

(四)课程拓展

关于诚信的名言赏析:

言不信者,行不果。

——墨子

诚实是力量的一种象征,它显示着一个人的高度自重和内心的安全感与尊严感。

——艾琳·卡瑟

民无信不立。

——孔子

人类最不道德处,是不诚实与怯懦。

——高尔基

没有诚实何来尊严。

——西塞罗

当信用消失的时候,肉体就没有生命。

——大仲马

真话说一半常是弥天大谎。

——富兰克林

真诚是一种心灵的开放。

——拉罗什富科

如果要别人诚信,首先自己要诚信。

——莎士比亚

诚实是人生的命脉,是一切价值的根基。

——德莱

六、课后总结

教师:请同学们精心呵护你们纯洁的心灵,自觉自律,自尊自强,诚实守信,做一个文明的小学生。

"杨柳青年画"教学设计

高 磊

一、教学目标

认识杨柳青年画中的吉祥物,了解其寓意;学习彩色铅笔的绘画技法;通过学习,初步了解杨柳青年画这一民间艺术。

二、教学重难点

教学重点:认识杨柳青年画中的吉祥物。

教学难点:说出吉祥物的谐音或寓意。

三、教学过程

(一)导入阶段

教师提问:在咱们家乡杨柳青,有一种东西和过年有关系,你们知道是什么吗?

学生回答:杨柳青年画。

教师出示课题:杨柳青年画。

教师提问:大家知道什么是年画吗? 年画是用来做什么的?

(二)新授阶段

教师:下面老师带大家来了解一下年画好不好?

教师:我这里有一段视频可以帮助大家了解年画,不过你们要带着这个问题来看。

教师出示问题:年画的图案都有什么?

学生观看视频,回答问题:年画的图案有鲤鱼、胖娃娃、金鸡、春牛等。

教师:你们知道为什么要在年画中画这些图案吗? 谁能说出几个吉祥或者祝福的词语? 比如平安、幸福……杨柳青年画将这些代表祝福的词语变成了画,是怎么变的呢? 老师给大家举个例子(放映幻灯片):"谐音":鲤鱼——富余;蝙蝠——幸福。"寓意":桃——长寿;仙鹤——长寿。这些有着吉祥发音或者寓意的事物就叫作"吉祥物"。

教师出示图片"连年有余":这是杨柳青年画的代表作,叫作"连年有余",大家来看看,这幅画里有哪些吉祥物? 它们和这幅画的名字有什么关联?

学生回答:莲花的"莲"是"连"的谐音字,鲤鱼的"鱼"是"余"的谐音字。

教师:这就是杨柳青年画的一个特点——利用画中吉祥物的谐音或寓意来为画命名,表达吉祥祝福。

教师:同学们对杨柳青年画有了解吗? 下面老师来考考你们好不好?

教师利用幻灯片展示花瓶、牡丹、帆船、公鸡等图案:请同学们说一说它们的寓意。

学生回答:花瓶代表平安,牡丹代表富贵,帆船代表一帆风顺,公鸡代表吉祥。

教师用幻灯片展示年画"四季花开",并请同学们说一说这幅画的含义。

教师:老师最喜欢里面的菊花,你们知道为什么吗? 菊花在深秋寒霜天气依旧傲然绽放,有冰清高傲的气节,被称为花中四君子之一,其寓意着高尚的情操,老师希望大家像菊花一样,做品格高尚的人。

教师:老师教大家画一画菊花好不好?

教师示范:用黄色铅笔为花瓣涂色,用绿色铅笔为叶片涂色。

(三)学生练习

学生练习为菊花涂色,教师巡视指导。

(四)展示评价

学生自评、互评,教师做总结性评价。

四、总结拓展

教师:同学们通过这节课的学习,是不是对杨柳青年画有了一些了解?其实我们杨柳青年画还有很多历史知识和有趣的传说故事,同学们如果有兴趣,课下可以去更多地了解它,也可以把你知道的年画故事给老师讲一讲。

"最炫民族风之浪漫满锅"

——我为国之传统饺子代言

何 珍

一、活动主题

"最炫民族风之浪漫满锅"——我为国之传统饺子代言。

二、教学目标

一是了解中国传统美食饺子的相关知识。

二是掌握包饺子的基本方法,在活动过程中培养学生观察、思维、想象的能力和创造精神,感受劳动的乐趣。

三是培养学生细心认真、克服困难的劳动态度,加强学生珍惜劳动成果、爱惜粮食的优秀品质。

三、教学重难点

中国的传统美食的制作方法,培养优良的道德品质。

四、教学对象

小学三年级学生

五、教学方法

教授法、讨论法、演示法、实习法

六、教学准备

饺子皮、饺子馅、面板、面盆、筷子、盖帘

七、实践教学过程

教师用多媒体展示本课的主题:教师介绍中国美食饺子的传统文化,包括由来、种类、习俗等方面。

教师介绍包饺子的方法,并请同学们说一说自己是怎样包饺子的,请包过饺子的同学上台介绍一下经验。

全班集体观看包饺子的视频,展示种类繁多的饺子。

教师:学到了这么多的经验,大家一定对包饺子产生了浓厚的兴趣。光听光看可不行,站在岸边是学不会游泳的。今天,老师就给大家提供了这样的一个场地,我们一起来动手试一试包饺子。

师生共同研究传统饺子的制作方法:拿起饺子皮在手中弯成窝型,在中间放入适量的饺子馅,对折成半圆,捏牢中间,由两边倒中间进行封口,用双手拇指和食指按住边,轻轻挤一下,将饺子变圆鼓。

学生分成小组,在组内操作练习。

教师纠正问题,探讨如何解决操作过程中出现的问题。

师生共同总结:饺子馅不能放得过多,一定要先捏中间,这样两边的馅比较均匀。捏完两边后,再将边缘加固一下,这样下锅煮饺子时不会露馅。

总结后再次尝试,直到小组内每一位同学都可以包出完整的饺子。

大家共同欣赏不同花样的饺子,欣赏不同颜色的面粉包出的五颜六色的饺子,还有不同种类的包饺子手法。

尝试创新:学生根据自己的想象创造出不同类型的饺子,完成自己的作品。

成果展示:学生展示自己的劳动成果,分享劳动的收获与体会。

教师总结:同学们,今天我们做了一件很有意义的事情,你找到成功的感受了吗?其实每一项劳动都有很多的乐趣,只要我们用心地去积极体会,积极寻找劳动中意义,会有不一样的收获和感受。对于今天的饺子,你能在这里亲口品尝到自己包的饺子,这何尝不是一件快乐的事情呢?希望同学们可以把饺子带到家里,和家人一起分享一下你的劳动收获,把你的劳动喜悦和对传统文化的价值体会传递给身边的每一个人。

八、教学反思

本节课结合劳动教育和美育,将学生们对生活实践的积极性充分地调动了起来,课堂上营造了一个生动活泼、宽松的氛围,激发学生的创新意识和劳动的兴趣,为培养学生的开拓创新能力创造了广阔的空间。在分享环节,学生们更愿意说出自己的生活实际和生活小窍门,并且很有自豪感。在克服困难后终于完成自己的作品后,孩子们更体会到了成功的喜悦。在课堂实施过程中,有 42 名学生都能成功地包好自己的饺子。

认识自己 星光璀璨

李 静

一、活动理论依据

小学生的自我意识是指对自己身心状况以及周围事物关系的认识和体验。自我意识的发展过程是学生个体不断社会化的进程，也是学生个性特征的形成过程。小学生的自我意识不是头脑中固有的，对自我的认识也是从比较模糊逐渐趋向比较清楚，从比较片面逐渐趋向全面，从主要依靠成人的指点逐渐趋向主动积极。

二、学情分析

目前，小学生在家庭中的受关注度普遍较高。家人的多度关注与表扬对小学生对自己的认识产生影响，进而影响对自己的评价。认识不清楚，评价就可能不准确；认识较片面，评价不可能全面，其正确性也不会高；认识被动，评价也势必受别人左右。

三、教学目标

小学生对自己的认识和评价决定着对自己的态度，本次团体心理辅导活动引导小学生全面关注、发现、认识自我。

首先，引导学生正确、全面、客观地评价自己，找准自己的优缺点，鼓励学生正视缺点,弥补自己的不足。

其次,帮助学生体会被人欣赏的快乐,树立自信。

再次,学习接受他人的意见,多角度认识自我。

四、教学准备

利用彩色星星随机分小组,6 至 8 人为一小组,大家围坐在桌子四周,每个小组选出小组长,组长负责分发用具,组织交流。

每个小组发一个用品袋,内有贴好双面胶的彩色星星和星形便利贴、方形便利贴。

每人一张印有大树图案的纸。

(课前准备课件及动画故事)

五、教学过程

(一)热身游戏——"脑海中的人"

1. 活动意图

让学生感性地意识到自己并非如想象中那样了解自己、认识自己,从而引出下一环节。

2. 活动流程

教师讲清游戏规则:教师说几个人的名字,请同学们闭上眼睛,静下来想一想,看是否能在脑海里看到他长什么样子,能否听到他说话的声音。

教师请同学们睁开眼睛,与大家分享在自己的脑海里,这三个人中谁最模糊?

引导语:你们认识班主任老师吗?认识自己的同桌吗?认识自己吗?为什么自己的影像最模糊?我们不是最该熟悉的就是自己吗?你真的认识你自己吗?其实不光是我们会对自己感觉比较模糊,在动物的世界里,它们也不能全面认识自己。我们一起来看看这样一则故事。

3. 活动时长

5 分钟。

（二）故事引入，审视自我 ——"星光闪耀大发现"

1. 活动意图

通过发生在动物世界的故事及老牛的话，让学生意识到要全面认识自己的优点和缺点。

通过三个小活动，让每个孩子充分发掘自己的优点，体会被人欣赏的快乐，树立自信，同时学会欣赏他人。

2. 活动流程

（1）骆驼和羊的故事（视频播放 2 分 20 秒）

引导语：故事讲完了，羊和骆驼只看到自己的长处，看不见别人的长处，或者说他们只看到自己的优点，却看不到自己的不足，他们认识的自己全面吗？看来认识自己并不是我们想得那么简单，今天就让我们开始真正认识自己。（引出课题）

（2）发现自己的优点

引导语：我们每一位同学身上都有许多优点、长处，有些我们自己知道，有些我们自己可能还不确定，今天就让我们一起来发现我们身上的闪光点吧。

（3）三个活动

星光闪耀、闪耀便利贴、分享星星树。

3. 活动时长

12 分钟。

4. 注意事项

对找不出优点、不够自信的孩子予以鼓励、提醒，帮助其发现自身优点；对优点太多在规定时间内找不完的孩子，可以建议其课后充分发现。

（三）思考审视，完善自我——"完善自我，星光璀璨"

1. 活动意图

引导学生正视自己优点与不足，选取可以完善的方面确定目标，弥补不足，同时学习接受他人的意见，多角度认识自我。

2. 活动流程

引导语：我们都找到了自己的闪光点，全面认识自己了吗？我们每个人身上除了优点,还会有小小的不足。比如老师就觉得自己的字写得还不够漂亮,我要写好硬笔书法,每天练字。请大家想想自己有什么不足之处吗? 请大家把自己的不足写在树根处。我们找到了自己的不足,大家想让这个不足永远成为我们的缺点吗? 那我们要怎么做? 请大家在自己需要改进的方面,选择其一个写在大星星上,作为目标(我要做到:_____。),然后把大星星贴在星星小树上。

引导语:有了目标,怎么做才能实现它?

(1)好朋友来帮忙

小组内交流,针对同学要做的事献计献策。

(2)温馨便利贴

传一次便利贴,如果你想帮助哪位同学,希望他在哪方面再完善,希望他做到什么就写在便利贴上。(我很欣赏你,如果你能_____,我就更欣赏你了。)如果你接受了同学的宝贵意见,请你一定要对同学说声"谢谢",然后仔细考虑要怎么完善自己。

(3)大家来分享

请同学分享自己的目标以及朋友的希望和达到目标的好方法。全班同学来帮忙,为分享的同学献计献策。

3. 活动时长

15 分钟。

4. 注意事项

(1)引导孩子确立实际可行的目标,并付诸实际行动。

(2)对孩子确立的目标,给予信任和支持,增加孩子的信念。

(四)大胆展示,付诸行动——璀璨星大展示

1. 活动意图

给同学以鼓励,使其自信的发挥优点,改进不足,在积极地氛围中结束本课。

2. 活动流程

邀请愿意分享的同学展示自己的星星树。

引导语:同学们通过这一节课,对自己的认识更丰富了,不仅有优点的展现,也有缺点的思考,看来同学们对自我的认识正逐步趋于成熟,祝贺大家,相信在今后的日子里,大家一定会更好地认识自我,完善自我。看着自己的小树,让它渐渐地枝繁叶茂,结出更多的星星,你将是最闪亮的明星。老师相信,每位同学在正视自己的优点与不足之后,都会努力完善自己,成为最优秀的自己。

3. 活动时长

8分钟。

4. 注意事项

课后请学生保存好星星树,作为全面认识自我、接纳自我、完善自我的一种助推力。

"大自然，谢谢您"教学设计

刘　菲

一、导入：礼物盒

师：亲爱的同学们，你们看，这是什么？如果你们收到了这个，你们会有什么反应？

生：这是礼物盒。

师：是的，这是礼物盒子，里面装着我们喜欢的礼物。今天老师也带来了一个大礼物盒，你们猜猜里面装着什么？

（学生猜测。）

礼物展示：香蕉、书本、丝巾、玩具。

师：你们猜猜，这些礼物是谁送给老师的呢？咱们先不揭秘，学习完下面的内容咱们再来揭晓答案。

二、大自然的礼物

师：同学们，请大家观察图片上的物品，想象一下图片上的物品是怎么做出来的？

（生试说。）

师：所以说，我们穿的衣服是谁给我们的？

（生答：大自然。教师板书：衣。）

用图片展示衣服制作的全过程:种棉花、采摘棉花、棉花织布、制作成衣。

师:我们吃的食物是谁给我们的?

(生答:大自然。教师板书:食。)

图片展示食物来源全过程:播种、培育、滋养、收获并加工成食物。

师:我们住的房子是谁给我们的?

(生答:大自然。教师板书:住。)

图片展示房子的建造过程:从基本原料的获取(包括:沙子、土、石灰、木头等)到房屋建造。

师:我们的交通工具都是谁给我们的?

(生答:大自然。教师板书:行。)

视频展示钢铁锻造成汽车的过程。

师:我们的衣食住行都是大自然给我们的礼物,所以我们应该怎么做?

生:谢谢大自然!

师:如果没有大自然,我们的衣食住行都没有办法保障,大自然给了我们那么多的礼物,让我们用最洪亮的声音表达对大自然的感谢!

生:谢谢大自然!

师:学完这节课,我们都知道这些礼物都是谁送的吧!

生:大自然!

(生选择自己会说的物品,说明为什么是大自然给予我们的礼物。)

师:生活中还有很多很多的东西都是大自然给予我们的,我们一定要好好感谢我们的大自然。请大家一起说:大自然,谢谢您!

三、大自然中的快乐

1. 播放视频

师:大自然给了我们很多的礼物,还给了我们很多的快乐,咱们一起来看看视频,假如你在这个视频中,心情会是怎么样的? 为什么?

(生试回答。)

师:是啊,徜徉在这美景之中,白白的云,蓝蓝的天,纯净的水,碧绿的树,快活的海鸥和野鸭,在这样的环境中是不是整个人都觉得特别的快乐? 那这些快乐是谁给的呢? 对,是我们的大自然!

2.观看图片

师:咱们一起来看看,大自然中还有哪些快乐?

(教师出示"大家一起玩"的图片)师:大家来观察图片,来看看大自然中这些快乐。

生:小朋友们在草地上坐着玩玩具,很快乐

生:有的小朋友在观察蒲公英,也很快乐。

生:小朋友们一起光着小脚丫在草地上走,很快乐。

师:我们快来一起感受小脚丫的快乐吧!

3. 自己一说大自然中的快乐

同学们提前准备好在大自然中玩的快乐的图片,并根据图片说说当时的故事和心情,感受大自然带给大家的快乐的心情。

4. 欣赏视频《我们在大自然中的快乐》

四、保护大自然

师:大自然给我们带来了那么多的快乐,但是现在大自然不快乐了,大家看图片,大自然哭了,谁来说说为什么大自然哭了?

(学生说破坏大自然的行为。)

学生表演:看,有个小朋友也来破坏我们的大自然了! 我们班级的环保小分队出发了,我们应该怎么做呢? (保护大自然)

生:我们把这个环保的小儿歌告诉更多的小朋友,让更多的小朋友一起加入环保的行列吧!

教师总结:大自然给了我们礼物和快乐,我们要好好保护大自然,与大自然和谐相处。

明"四史"知使命主题班会

杨翠竹

一、活动目标

引导学生了解"四史",理解"没有共产党就没有新中国"的深刻内涵,认识到坚持共产党的领导是祖国昌盛、民族复兴的根本保证。

通过学习"四史",使学生深刻认识到中华人民共和国来之不易、中国特色社会主义社会来之不易,深刻认识我们党先进的政治属性、崇高的政治理想、高尚的政治追求、纯洁的政治品质。

以史为镜,厚植爱国主义,明确自身使命。

二、活动准备

教师根据学习"四史"的主题为学生布置思考题目和搜集资料的任务。例如:什么是"四史"、学习"四史"的重要意义等。引导学生结合自身实际自主学习和思考,为主题班会的召开做好认知准备。

教师准备教学 PPT 和相关视频。

三、活动过程

班主任开场,表明班会主题"明'四史',知使命"及学习"四史"的重大意义。

班主任:同学们,大家看,黑板上的旗帜是什么? 对了,是党旗。没有共产党就没有新中国,就没有今天我们的美好生活。我们今天的主题是"明'四史',知使命"。那么同学们知道"四史"吗?

班主任:同学们,历史是最好的教科书。站在历史的重要节点上,加强"四史"学习教育,有着十分紧迫而又深远的重大意义。要通过学习"四史",深刻认识新中国来之不易、中国特色社会主义社会来之不易,深刻认识我们党先进的政治属性、崇高的政治理想、高尚的政治追求、纯洁的政治品质,以史为镜,厚植爱国主义,明确自身使命。下面有请我们班会的主持人,大家掌声欢迎。

主持人上场,由两位学生代表诗朗诵《七律·长征》。

接下来,全体学生观看《画说党史》的第一部分"共产党成立到新中国成立前",由学生代表讲述自己搜集的抗日战争时期杨靖宇将军的故事。聆听故事之后,同学们一起谈谈感想。

观看《画说党史》的第二部分"新中国成立后建设新中国"的部分,由学生科普"两弹一星"。感受老一代科学家和广大科研人员克服了各种难以想象的艰难险阻,突破了一个又一个技术难关,取得了中华民族为之自豪的伟大成就。

观看《画说党史》的第三部分"改革开放时期",听《春天的故事》,猜歌词内容。

继续观看《画说党史》最后一部分,了解抗击新冠肺炎疫情期间感人的瞬间。

班主任总结,鼓励学生勇担使命。

班主任总结:同学们,通过"四史"的学习,我们愈加清楚地认清世情国情。少年强则国强,少年独立则国独立,少年进步则国进步,少年雄于地球,则国雄于地球。要实现这伟大的复兴的中国梦不但需要坚持不懈的努力,还需要我们精益求精的奋斗精神。如今,这个重担就交给了我们青少年的身上。"雄关漫道真如铁,而今迈步从头越。"让我们用自己的小梦想,汇聚成中国的大梦想,汇聚成绚烂的中国梦。

全班一起宣誓:我立志要努力学习,将来为祖国的发展贡献出自己的一分力量。梦想从不言弃,努力拼搏,梦想永远在我心中,时刻准备着,为中国梦而努力、奋斗。

班主任宣布班会到此结束。

四、活动延伸

学生们能够根据《画说党史》的视频,直观地了解中国共产党在不同的发展时期的重大历史事件,通过讲故事、听歌曲、做科普、诵诗词等形式了解了党史、新中国史、改革开放史和社会主义发展史。共产党员一个个伟岸的形象印在学生们的脑海中,让他们牢牢地记住了中国共产党发展历程中的重要时刻,也深深明白了美好生活的来之不易。班会过程中展现"四史"的形式多样,连接线索为动画视频,生动有趣。同学们能学习历史、铭记历史,向中华民族发展史上的优秀人物致敬,找到自己心目中的英雄榜样,为实现中华民族伟大复兴的中国梦,立志好好学习,明确自身使命。

"快乐刮画"教学设计

赵　群

一、教材分析

《快乐刮画》主要是让学生了解刮画的特点和工具的使用方法,培养学生的创新意识和探究能力;感受色彩变化,增强审美能力,激发学生的学习兴趣,加深对画面的点、线、面处理的装饰效果,提高学生的作画能力,让学生从中感受自我劳动成果的成就感与幸福感。刮画是绘画中的一个特技,工具简单,容易上手,适应少年儿童的造型表现能力,并深受同学们的喜爱。

二、教学目标

通过学习,了解刮画的特点,掌握刮画的技法。利用画面不同效果的对比,为学生埋下学习的伏笔,激发学生的学习兴趣。

通过欣赏、讨论、自主探究和教师的示范讲解,可以运用牙签等工具进行刮画。运用点、线、面的知识点,大胆创新,完成作品。

独立创作,让学生从中感受自我劳动成果的成就感与幸福感。

三、教学重难点

教学重点:了解刮画的特点,学会运用刮画工具。

教学难点:运用点、线、面的知识进行刮画创作。

四、教学准备

教师:课件、多种刮画工具、刮画纸等。

学生:刮画纸、竹签、牙签等。

五、教学过程

(一)欣赏导入

教师出示两张不同的范画(用黑笔直接画的效果和刮出来画的效果),请同学们进行比较它们之间有什么不同,这些画与我们平时画的画有何不同。

学生欣赏范画,结合所学知识,说出不同。

设计意图:引导学生自主探究。

(二)讲授新课

师:今天我们要学习用刮的方法来完成一幅有趣的画。

(板书:快乐刮画。)

师:我们来了解一下,什么是刮画(打开课件)。

师:刚才我们看到的这两幅刮画作品效果一样吗? 底色是有几种颜色的,我们把它称为彩色刮画,只有一种底色的那就是单色刮画。

学生通过观察,比较,总结得出单色刮画,颜色效果对比强烈,彩色刮画,颜色靓丽。

师:请同学们思考一下,以下作品,在画面处理上运用了我们以前学过的哪些绘画元素?

学生说出知识点:点、线、面。

教师出示课件:你觉得哪幅画更好呢?

学生通过自主学习、小组讨论得知:刮画也是用点、线、面的多样性与疏密粗细来表现画面的;不同点在于线描表现的是单色,而刮画更加充满渐变美。

设计意图:学生有个思考的空间和时间。通过学生是否喜欢并能说出喜欢的理由,培养学生的审美能力。学生构思并交流想法。

（三）初尝刮画纸

教师通过课件展示刮画工具。

师：不同工具刮出的线条有什么不同？怎样才能合理地使用这些工具呢？谁想来尝试一下？

教师请一位同学演示，并说出自己的感受。

教师补充示范技法，讲解主要事项：力度不能过猛，不然会戳穿纸张。

教师小结：在刮画纸上或凝滞、或流畅的运笔，再与点、线、面的结合，会使画面产生千变万化的肌理效果。

互动环节，学生带着问题与好奇做展示，并饶有兴趣地说出自己的感受，教师补充示范，其他同学观察，总结。

（四）大胆创作

学生和教师一起总结刮画的作画步骤（以一幅建筑风景画为范画）：起稿、勾出轮廓线、涂色块（处理点、线、面的效果）、整理、完成。

大家共同欣赏学生作品，激发学生的创作欲望。

师：同学们，你们想创作怎样的一幅作品呢？

学生讨论，说说自己的创作思路。

设计意图：培养学生的归纳总结能力，通过欣赏学生的作品，挖掘学生的创造思维，从而达到作品的生成。

（五）布置作业

师：接下来，请同学们想想，自己将要刮一幅以什么为主题的画呢？大家可以大胆想象，注意画面内容、色彩丰富，底色和表现内容要相符。

教师出示课件，展示作业要求：设计一个形象，景物、人物、动物都可以，确定点、线、面的处理方法，在刮画纸上进行表现。

学生构思，进行艺术创作。

（六）作业展评，拓展延伸

学生把自己完成的作品主动贴在展板上，师生欣赏、互评。

师：其实，我们可以自制刮画纸，用蜡笔或油画棒在纸上涂上自己喜欢的颜色，涂得厚一些，单色的、彩色的都可以，再涂上一层黑色，刮画纸就做好了。

设计意图:培养学生的综合实践能力,增强学生学习的自信心,体验成功的喜悦。通过拓展,展开学生思维想象力,让学生从中感受到成就感与幸福感。

六、教学反思

"快乐刮画"主要目标是让学生了解刮画的特点和工具的使用方法,培养学生的创新意识和探究能力;感受色彩变化,增强审美能力,激发学生的学习兴趣,加深对画面的点、线、面处理的装饰效果,提高学生的作画能力,让学生从中感受自我劳动成果的成就感与幸福感。

"洗手绢"

倪　英

一、教材分析

《洗手绢》是一首具有民间童谣风格的歌曲,曲调短小、流畅、有节奏感,带有衬腔等劳动歌曲的特点。全曲使用素材简单,旋律易唱易记,轻松活泼,生动地表现了孩子们从小热爱劳动、自己的事自己做的可爱形象。

二、学情分析

一年级的学生刚进入小学校园,劳动的意识还不强,需要逐渐培养劳动意识。一年级学生多好奇、好动、模仿力强,以形象思维为主。因此教学中,要采用适合学生认知特点的教学手段和方法,利用儿童自然的嗓音和灵巧的形体,用歌、舞、图片、游戏相结合的儿童喜闻乐见的综合手段,结合多媒体课件,以音频、视频、图片、动画等多媒体资源进行直观教学,引导学生用心聆听、活泼表现,大胆创造,体验成功、感受快乐。

三、教学目标

情感态度与价值观:从艺术生活与生活的联系出发,通过演唱、表演、演奏等体验劳动的喜悦,懂得从小要热爱劳动的道理,激发学生自己的事情自己做的自主意识。

过程与方法：让学生通过表演和演奏，在欢快的歌曲中感受音乐、创造音乐、表现音乐。

知识与技能：了解劳动号子；用快乐的情绪演唱歌曲，能用打击乐器为歌曲伴奏，创编简单的歌词。

四、教学重难点

教学重点：能用整齐的声音演唱歌曲；能运用打击乐器和舞蹈表现歌曲。

教学难点：歌曲中衬词（劳动号子）部分的演唱和伴奏。

五、教学准备

多媒体课件、手绢、电子琴、打击乐器沙蛋多个。

六、教学过程

（一）音乐律动，开始上课

师生通过游戏问好，教师利用音乐课件播放乐曲《星光恰恰恰》，带领学生进行律动，将孩子们带入音乐课堂。

律动教学是世界著名音乐教育家奥尔夫所创导的启迪学生灵感的教学方法。其利用多媒体创设欢快、动感的音频背景，使学生在上课伊始就充分利用自己的肢体语言感受到快乐，在欢愉的师生互动中，进入音乐殿堂。

（二）创设情景，激发兴趣

引导语：又到了快乐的音乐课，今天有几位小动物也来参加我们的音乐课，让我们来猜一猜他们都是谁？（教师用身体动作模仿蝴蝶、公鸡、喜鹊、蜜蜂形象。）让我们一起去看看小动物们都在忙什么？（教师播放歌曲《劳动最光荣》，学生边听边模仿喜欢的动物。）

一年级学生具有好动、喜爱小动物的特征，老师通过模仿小动物的动作让学生猜是哪种小动物活动激发大家的兴致，欣赏歌曲《劳动最光荣》时，通过感受与鉴赏相结合的方式使学生理解劳动最光荣所描绘的人物形象，根据学科间相融合的特点，将歌曲用动画的形式呈现，让学生在视觉和听觉相结合的教学方式下,更好地聆听歌曲,理解本课的内容"爱劳动"并尝试和探索用自己的动作和声音表现生活中的音乐,培养创新思维。

(三)直观课件,新授歌曲

1. 感受歌曲,引入新课

请大家聆听音乐,一起去看一看这个小朋友在做什么。

请大家再次聆听歌曲,教师提出问题:歌曲的情绪是怎样的? 请在"哎啰"处击出重拍。

2. 动画呈现,朗读贺词

3. 呈现乐谱,模唱旋律

4. 教师伴奏,轻唱歌词

5. 对比示范,解决难点。

6. 完整演唱,巩固练习

教师带领学生感受歌曲中劳动时快乐的情绪,激发学生继续学习的兴趣和欲望。"哎啰"处的拍手为歌曲伴奏做铺垫。

教师用动画课件呈现歌词内容,有助于帮助学生理解歌词、记忆歌词,激发学习兴趣和学习热情。教师带领学生按歌曲节奏熟悉歌词,并且要求学生读词时用轻声高位置的发声方法有节奏地朗读,将声音的训练渗透其中。

旋律模唱谱也用直观课件加以呈现,增强了课堂学习的有效性和高效性。

教师弹奏旋律,学生进行模唱的教学方法学唱歌曲旋律,教师提出演唱要求,培养学生良好的演唱习惯。

衬词"哎啰"部分,教师用对比示范的方式让学生自己感受,体会出正确的处理方法,解决歌曲演唱的难点。

为了增强歌曲学习的趣味性,学会歌曲后采用分组接龙、师生接龙等多种形式进行演唱,增强学生的学习热情。

(四)表演伴奏,歌词创编

1. 表演伴奏

引导语:同学们唱得真好,下面我们就拿出自己的小手绢,随着音乐,边唱边把它洗干净吧!

学生拿出手绢一起边唱边表演。

引导语:同学们干得真带劲儿,如果为我们的劳动配上声音,那就更能表现出快乐的劳动场面了。我们试一试,在"哎啰"衬词部分,加上沙蛋的演奏。

2. 创编歌词

引导语:谁来说一说,怎样把生活中的其他劳动也演唱到歌曲中?

教师出示:歌词缺失的幻灯片,提供学生一个创编思路。

以孩子的日常生活为基础,将生活经验与音乐相结合,进行创造、模仿、表现。丰富课堂形式,丰富学生的体验。

歌词缺失的幻灯片为歌词的创编提供了有力的支撑,也向孩子们展示了一种简单创编歌词的方法和窍门。作为音乐教师,对学生的培养目标并非培养音乐的专门人才,而是面向全体学生,对学生进行音乐潜能的开发,这一环节对于创编活动的设置简单易懂,孩子们得到了创作的乐趣和成功的体验,激发了创造的热情,培养了创新意识。

(五)课后延伸,德育渗透

教师带领学生,将创编的歌词唱一唱,演一演。

同学们将自己喜爱的劳动用演唱的形式表现出来,再继续创编出动作。这极大地调动了学生的生活经验,达到了发展创造激发兴趣的目的,培养学生的爱劳动的意识。

七、课后反思

根据本课教材内容,笔者以新的音乐课程标准为指导理念,根据低年级学生年龄特点,采用多媒体播放教学课件,讲解歌词、范唱歌词,帮助学生理解和记忆歌词,激发了学生的学习兴趣。歌曲的难点衬词部分的演唱和处理,笔者采取了比较法、示范法等帮助学生理解歌曲、表现歌曲。在学唱歌曲的时候,演唱形式多样,通过师生合作、生生合作、齐唱、表演唱等多种形式,使课堂气氛较为活跃。这样的课堂气氛不仅提高了学生学唱歌曲的兴趣,也加强了他们的集体合作精神,使整个教学活动在愉快的、轻松活泼的氛围中得以完成。

第三编
开展生动活泼教育活动
——思政活动篇

欣赏与爱

陈婷婷

"爱是教育的前提,没有爱就没有教育。"作为老师,只有真正做到热爱学生、尊重学生、信任学生,才能让学生真正感受到教师带来的温暖,教学才能更加有效。某些在学习、思想、行为等方面有偏差的学生,往往被不被重视。殊不知,那些被忽视的时候,恰恰是学生最需要关心和爱护的时候。有时候错过一个教育学生的机会,有可能就会影响学生的一辈子。

在我教的班里,有一个好动的男生,他有些胖胖的,爱讲话,还特别爱随地吐痰。他很聪明,但是上课的时候总管不住自己的手,乱动桌子,不是影响前后座,就是自己玩得不亦乐乎,有时一个笔头就能玩大半节课。我将坐在他周围的同学换了又换,有的学生会受到他的影响,开始不同程度地违反课堂纪律、影响正常的课堂教学。他对老师的批评教育能短时接受,但过一会儿又会恢复老样子。我利用课余找他谈话,而他总是答应改,转头又管不住双手,继续恢复原样。我也找家长多次沟通,共同教育,也无济于事。

有一天早上,他爸爸突然来学校与我沟通,希望我能体谅他,孩子天性好动。我也继续想方法去慢慢地改变他。有一天,我正上着课,发现他在一张白纸上画画,他这样做固然不对,但画的效果却很不错,也与我的课堂内容有关。我立刻抓住这个机会,让他展示自己的画,并让同学评价,大家都认为画得不错。紧接着,我跟他说:"如果你能在学习上也这样出色,老师就更高兴了。"从那以后一段时间内,他每天都认真地学习,课上也不会乱动乱晃,能够认真听讲,及时完成作业,取得了很大进步。

这次事件让我明白,爱心与赏识是影响学生的两大支柱。抓住这两点,教师就能更好地与孩子建立联系,他们能感受到老师的爱,也就更容易接受老师的建议。这次的事件,让我对我的教育事业有了更深入的思考。

一、奉献爱心,增其自信

我国近代教育家夏丏尊说过:"教育之没有情感,没有爱,如同池塘没有水一样。没有水,就不能称其为池塘,没有爱,就没有教育。"想要搞好教育工作,首先要有一颗真诚的爱心,用爱的灯光点亮孩子们的心田,用爱心指引一个个灵魂前进。对于那些学困生,特别是缺少爱与关注的学生,教师应给他们更多的关怀,学会去鼓励、帮助他们,让他们能够逐渐增强自信心。

二、运用赏识,促其发展

每个学生都有自己的优缺点,作为教师,我们要尽力去发现学生身上的闪光点。学困生也并非没有优点,即使是他们很微小的进步,教师也要及时给予肯定,让他们能从赞美中满足自身的心理需求,进而产生自信、幸福的内心体验和感受,增强荣誉感和上进心。这样也能使他们提高学习的兴趣,自发自觉地学会如何去学习。当一个孩子对学习有了兴趣与动力,他的进步就变得更加轻松、容易。

三、关注心理,及时疏导

在社会发展日趋多元化的今天,孩子们会接受到来自多方面的困扰。有的孩子会处于半独立半依赖的矛盾时期,产生特殊的心理矛盾,有着成人无法理解的苦恼与困惑。孩子们的心理问题,可能会被他们自我掩盖,也可能被成人忽视,会有不少孩子感到自己难以获得大人的理解,觉得孤立无助。这类问题的严重性,我们不能置若罔闻。作为老师更要以为了孩子们终身发展的高度负责的精神来关心重视其心理教育。每一位老师都应及时发现他们的心理问题,利用班集体的优势和特点,向学生们进行心理教育,满足其心理需求,使他们有理想、有抱负,追求美好的生活,增强承受各种心理压力和面对挑战的能力,提高其心理素质。

鲁迅先生说:"教育是植根于爱的。"教育的全部奥秘就在于如何关心爱护学生。爱是教育的源泉,教师有了爱,才会对自己的教育对象充满信心和耐心,才能更好地教育学生。教师不仅要有爱心,更重要的是能把那种爱传达出来,只有与学生有了心灵的交流,学生才能从心底里接受老师的建议。作为一名教师,因为爱,让我明白了教育的真谛;也因为爱,让一个个单纯而真实的孩子懂得了爱,也懂得了回报爱。在教学中,我总是怀着爱心,用欣赏的目光去关注学生,发自内心地去爱他们,这样我和学生间的关系也变得很融洽。

爱心与赏识,转变了这位同学,也给我带来了无限的欣慰与快乐!

榜 样

——触发孩子改变的力量

郭丽萍

何谓榜样？榜样二字均带木字旁,原指"楷树"和"模树"。相传这两种树最早成长在孔子墓旁,树身挺拔,枝繁叶茂,巍然矗立,似为众树的楷模,所以后来榜样就有了标杆的意思。

古称国之宝,谷米与贤才。谷米是固国之本,贤才是强国之根,贤才就是万人的榜样。我们每个人都需要榜样,而对于孩子,父母就是他们最直接的榜样。我们希望孩子成为什么样的人,首先自己就得成为什么样的人。对于孩子的成长,最好的陪伴是让自己成为孩子心目中的榜样,成为孩子的引路人。但是大多的时候,家长说得多,做得少。

一、案例介绍及分析

案例介绍:

我们班有一个小男孩小李,他个子小小的,很安静,很腼腆,不爱说话,课上也很少积极回答问题,但是会跟着老师的问题去思考。

在二年级的时候,有一阵子,小李突然上学总迟到,上课萎靡不振,要么发呆,要么看窗外,作业很少按时交,字迹潦草,下课跟同学也不怎么玩耍,即使说话也很容易发脾气,有时候甚至会说脏话。

后来,有一次,小李在座位上发呆。这个时候,其他同学逗着玩,不小心碰到他,对方没在意,嘻嘻哈哈跑开了,但是小李满脸怒气,红着脸冲到了对方面前,举起了拳头,这个时候我赶紧跑了过去,把小李拉开了,对方吓得够呛。小李没理我,直接走回了座位。到底是什么原因让本来阳光的孩子变成这样? 我又可以做些什么呢?

学校环境并没有发生变化,虽然现在很多孩子青春期提前,会叛逆,但是也不至于在二年级就会出现这样的状况,所以这应该和家庭有很大的关系。

二、问题解决策略及过程

教育心理学普遍认为孩子的变化跟家庭脱不了关系,因此我决定从家长、同伴和老师三个层次对孩子行为进行分析。

(一)"知己知彼,百战不殆"——先从了解情况着手

我跟小李私下聊天,询问他的情况,他总是小心翼翼的,生怕自己说错话,每次都答应得很好,但是转天情况只会更糟。出于对小李的关心,我联系了他的妈妈。小李妈妈倒是很痛快,说会和孩子好好沟通,争取有所改善。但是小李的情况越来越糟,无奈之下,我又联系了小李妈妈,这个时候,家长才支支吾吾说了实话,原来是小李爸爸不管孩子的学习,每天只是玩手机,从来不给孩子正面的影响,在家里也从来不帮忙做家务,每天下班回家很少跟家里人交流,对孩子关心也很少,有时候甚至会拿孩子出气,总觉得孩子各方面都不好,所以最近家里总吵架。这下我才明白了,难怪孩子最近如此紧张,原来是家庭氛围和父子关系出现了问题。我让家长首先解决好夫妻间的问题,跟孩子爸爸好好分析长期如此对孩子的影响,同时也要和孩子认真谈谈心,把对孩子造成的影响降到最小。

(二)"三人行,必有我师"——从同伴身上汲取力量

转天我在班里开了一个关于"你心中的父母应该是什么样子的"的班会,那些稚嫩的孩子说出来的话很让人感慨,有的孩子说希望父母可以每天多陪陪自己,有的孩子说希望父母在要求自己不看电视的同时,自己也能少玩手机,更有的孩子说,父母有时候总也管不住自己,却还总要求自己这样那样。

虽然只是二年级的小孩子,但是每个孩子的心智成熟度完全超出我的想象。一个个小大人说着成熟的话,是让我在感叹之余感到心疼。小李听着,也和大家交流着。他希望自己的父母可以不要吵架,他们总在要求小李要上进,可是爸爸却做得很不到位。小李发现原来自己并不孤单,每个人身上都有相同的期盼,他找到了同盟者,也汲取了力量。

我引导班级中的小伙伴给予小李大家庭一样的爱。老师毕竟是成年人,对于孩子们的心思有时不一定了解得很清楚,而小伙伴间有共同语言,更能相互理解,所以我发挥了集体的爱的力量、同伴互助的力量,让孩子在班级中,能有人与他合作交流,能感受到同伴间的温暖。

(三)"怀柔安抚"——从师生聊天中重拾自信

课后,我也专门跟小李聊了很多,通过我们的对话,孩子心结也解开了不少。小李明白了父母的吵架并不是因为他,他没必要把所有的压力都加在自己的身上。同时,我还给他推荐了许多舒缓情绪的书籍,经常带着他做一些互动的游戏。在这期间,我让其他同学下课主动找他玩,过了一阵子,小李的笑意越来越多,上课状态也越来越好了。

三、成效及反思

后来,小李妈妈又跟我联系,说她和孩子爸爸进行了深刻的反思,发现自己身上有很多缺点,最主要的是自己从来没有给孩子树立一个好的榜样,导致孩子没有进步,反而有点压抑。他们跟孩子道歉,承诺一定会先提高自己再要求孩子,也希望孩子多监督他们。

没有多久,小李的性格变得开朗了很多,虽然依旧安静少语,但是明显能感觉到他开心了不少,而且他还偷偷给我写了一个小纸条,上边写着:感谢老师,我的爸爸妈妈现在每天都会陪我看书,爸爸也不怎么玩游戏了,他说要做我的榜样。

(一)说到做到很重要

古时候有一个《曾子杀猪》的故事:

曾子之妻之市,其子随之而泣。其母曰:"汝还,顾反为汝杀彘。"妻适市来，曾子欲捕彘杀之，妻止之曰："特与婴儿戏耳。"曾子曰："婴儿非与戏耳。婴儿非有知也，待父母而学者也，听父母之教。今子欺之，是教子欺也。母欺子，子而不信其母，非所以成教也。"遂烹彘也。

曾子不只是给孩子语言上的教育，更是从行动上影响孩子。我们每个人都有很多的道理讲给孩子听，常常讲得头头是道。时间久了，孩子不仅会无动于衷，可能还会觉得父母很啰唆。

小李的家长说过，就在孩子发生变化的前期，有时候孩子爸爸承诺如果孩子考试成绩不错的话，会带孩子出去玩，但是后来几乎没有一次兑现过诺言，总是用各种借口去敷衍，时间长了，孩子就变得越来越不爱说话了，也不怎么相信爸爸。

言传身教，身教大于言教。如果小李的爸爸能尽量说到做到，孩子也不会有这样大的改变。父母是孩子最好的老师，而孩子是父母最真实的学生。你希望孩子成为一个更加优秀的自己，那你就要成为孩子眼中更优秀的你。

（二）言传身教很重要

白岩松曾经说："我觉得最大的课程是如何当父母。做家长最大的挑战是你要明白你自己在做什么。"孩子就是父母站在阳光下别人眼中的影子，每个瞬间你在看到孩子的同时，也就看到了自己。

小李爸爸每天总玩手机，怎么要求孩子认真学习？总是和妈妈吵架，怎么要求孩子和同学和谐相处？总是说脏话，怎能要求小李做一个温文尔雅的孩子？后来小李爸爸努力改变自己，控制玩手机的时间，尽量陪伴孩子，而且也跟小李妈妈道歉，答应要做一个称职的爸爸和丈夫，每天都会陪着小李看书，小李爸爸的改变，孩子都看在眼里、记在心里、表现在行动里。

蔡元培曾说："家庭者，人生最初之学校也，一生之品行，所谓百变不离其总者，大抵胚胎于家庭中。"只有温馨和美的原生家庭，才会有温和阳光的孩子，只有积极向上的父母，才会有不甘落后的孩子。

尺有所短，寸有所长

李 芬

在学校"多彩教育奠基精彩人生"的办学理念的指导下，我在实践中总结出以"水品育人，润心无声"的柔性带班方略。

老子有云："上善若水。水善利万物而不争。"一直以来，我都从水的品性出发，以水品育人，像水一样潜移默化地培养学生的品性，像水一样无声地影响学生的行为：像水一样海纳百川，像水一样至善至行……我今天要分享的这个教育案例也是如此。

我想请大家先猜猜下面这些文字描述的是男生还是女生：长相清秀，身材娇小，字迹娟秀，成绩优异——大多数人会猜测这描述的是女生；身高将近一米八，皮肤黝黑，身材健壮——这是位男生；擅长运动，热爱足球，做事麻利——可能大多数人会猜测这是男生，其实不然，这还是刚才我所描述的那个女生——小刘。因其超强的个人能力，小刘被选举为我班班干部，成为我的得力小助手。就是和我们一般印象不太相符的男生和女生发生的一次小矛盾，让我开始了对新时期男女生特点的研究。

一节体育课后，前面说的那位身高将近一米八的男生小王举着有些泛红的胳膊哭着向我控诉，说体育课上，小刘抢他们的篮球，他不给，争抢过程中，他的胳膊都被小刘掐红了。我马上叫来小刘了解情况，就不应该抢同学东西和不动手打同学一事进行沟通，冷静下来的小刘也意识到了自己的错误，态度有所缓和。我看准时机，认为教育的时机来了，于是又循循善诱道："有任何问题好好说话，不要动手，更不要欺负同学。咱们班男生是让着你呢，你也好自为之。""老师！他们不是让着我，咱们班男生就是能力差，擦地擦不好，足球踢得不好，成绩不好，还不听话，他们是能力差，不是让着我。"一提到男生，小刘滔滔不绝，细数男生的几大"罪状"。看着滔滔不绝的小刘，我意识到简单的沟通可能并不能清除她对男生的偏见。"那咱们比比看。""比就比！"小刘信心十足地答应了。

　　长期形成的评价制度加上男孩普遍发育晚、懂事晚，在小学阶段形成了一种所谓的"女强男弱"的现象，班里女生似乎对班里的男生很是不屑。但男生其实也有自己的优势，只是现有的评价方式没有给他们提供足够施展的舞台，而我要创造一个舞台，让男生展示一下自己。

　　"男女比武"活动如火如荼地展开了。最先进行的是掰手腕大赛，大多数男生展示了有力量的一面，获得了胜利，但小刘让我对她刮目相看，她赢了十几个男生，还有几位女生成绩也不错。比赛结束后，小刘给了我一个眼神，仿佛在说"老师，看，我赢了"。她不知道的是，我不止安排了这一项比赛。拔河比赛、数独比赛、拼图比赛、运气球比赛，从最开始女生看热闹，到大家逐渐全情投入。一连几天激烈而友好的比赛结束后，小刘赢得了掰手腕和数独比赛，其他几项都输了，在一项项比赛中，我已经看到了小刘态度的转变。我并没有再说教，而是转天开了一节男女平等的班会，班会主持人就是小刘，班会的题目，小刘同学选用了我常说的一句话"尺有所短，寸有所长"。班会上男女生各抒己见，女生表示她们发现男生动手能力强、力量大，男生表示女生记忆水平较高，有责任心、细心等。于是我又紧接着开始启发孩子们发现同学的优点，开展了"为你点一个大大的赞"的活动，男女生均不再抱怨对方的弱势，转而称赞起来。以此为契机，我开展了一系列男女平等的相关活动，让孩子们从校园到生活，深刻感受男女地位平等，各有所长。

　　不进行空洞地说教，而是在一项项生动的活动中达到教育目的，如水般润物无声，最终水到渠成！

热爱一个学生就等于塑造一个学生

门　越

一、问题的提出

古代大教育家孔子提出"有教无类",高尔基也曾经说过:"谁不爱孩子,孩子就不爱他,只有爱孩子的人,才能教育孩子。"热爱学生远比渊博的知识更重要,得到老师的关爱,是每个孩子的心愿,教师鼓励、鞭策孩子,能够大大推动学生的成长和进步。

二、问题分析

我们班有一名女生叫小雅,大大的眼睛,高高的鼻子,长相非常甜美。小雅的学习成绩在班中属于中等,老师喜欢这样的学生,但是并不会过多地关注这样的学生。无论是上课还是下课,小雅总是安安静静地坐在自己的座位上,她遵守学校的纪律,从来不给老师找麻烦。刚担任班主任不久的我,整天绞尽脑汁地对付调皮的学生已经筋疲力尽了,所以对小雅这样乖巧、默默无闻地学生关注得似乎不够。直到有一天,她引起了我的注意。

有一次,在我的数学课上,我不经意间发现小雅有时会不自觉地"手舞足蹈",甚至有时还会嘴角上扬,露出微笑。刚开始我认为她上课开小差,想到什么高兴的事情才会这样,但是在之后的课上我经常会看到她的这种行为。虽然她的这种行为不会影响我讲课,也不会影响到其他同学听课,但是作为班主任,我认为我们不仅要关注学生的学习成绩,更要关注孩子们的身心健康。于是,我找到小雅,与她进行了简单的对话,在与她的对话中,我发现她对自己的这种行为似乎毫不知情。这让我感觉情况不妙,于是我与她的家长取得了联系。

三、解决问题的措施

小雅的家长非常支持教师的工作,同时也想了解一下孩子在学校的一些情况,于是她来到学校,我们进行了面对面的交流。

首先,作为班主任的我向小雅的妈妈介绍了小雅在学校的一些表现,老师们对孩子的学习态度表示认可,对孩子的纪律表现表示赞扬。家长听到孩子在校表现出色感到很欣慰,露出愉快的表情。紧接着我对小雅的妈妈说:"为了让孩子以后能更加出色,她还有一点不足之处需要改进。"小雅妈妈表现得很积极,恨不得快点知道孩子的不足,帮助孩子马上进步。于是我向小雅的妈妈诉说了她上课爱开小差,甚至有时会"手舞足蹈"的情况。听到这里,她妈妈马上接过话问:"她在学校也这样吗?"从小雅妈妈的话中,我得知孩子的这种行为她的妈妈是知道的。接着我们针对小雅的这种情况进行了交流。

从我们的交流中,我了解到孩子的这种行为是在妈妈怀二胎的时候出现的。那个阶段,由于妈妈身体不适,陪孩子的时间减少,加之孩子性格内向、孤僻、不善言语,自然会感到落差,给孩子的心理造成一定的伤害。而在学校,因为小雅过度听话,没有引起我过多的关注,才会出现现在的这种行为。为了孩子的心理健康,作为教师,作为家长,我们都应努力。于是我们决定要形成家校合力。

在家的时候,家长要用更多的时间陪伴孩子。比如做家庭游戏,和孩子一起享受美好的时光。陪伴会给孩子提供安全感的滋养,明白爸妈就在我身边。其次,引导孩子感受身边的爱,让他们观察父亲或母亲一天的生活,经过一段时间的观察,他们就知道了父母的辛苦,也感受到了父母对她们的爱。这时,就需要鼓励孩子学会坚强,学会爱父母,做个有骨气的人。同时,要在学习上、生活上给他们无微不至的关怀,孩子知道身边爱他的人并不少。最后,一定要给孩子积极评价。如"虽然你没有成功,但我仍要表扬你,因为你已经努力了""你一直在努力,再加把劲,一定做得更好!"同时多肯定和鼓励孩子,如爱抚、点头、微笑、夸奖等,这都会使孩子自信、开朗起来。父母在对孩子教育的时候,一定要用积极乐观的情绪去培养孩子,因为这种情绪是让孩子心理正常发育和身体健康发育的重要条件,家长以身作则的教育孩子,时刻保持这种情绪,孩子也会一直保持愉快的情绪状态。

在学校的时候,教师首先应该在感情上关心和信任她,多和她谈心,使她愿意说出心里话。其次,给她创造与别人交往,在集体说话的机会,如让她担任班委等办法。组织班级的一些活动时,鼓励她积极参加班级活动,在活动中使她体会到集体的温暖。

四、问题的跟进

经过一段时间,小雅的这种行为在课上几乎没有出现过,与她的家长取得联系后我得知,小雅在家表现也特别好,我和她的家长都感到很欣慰。除此之外,更重要的是小雅与之前相比性格开朗了许多,当上班委后,也更自信了,学习成绩也名列前茅。现在的小雅是闪闪发光的小雅,走到哪里都会吸引别人的眼球。

五、案例反思

通过这一件事情,我了解到关心爱护学生是一件非常重要的事情,尤其是遇到那些不懂方法却又很愿意配合老师的家长,我们更应该积极推动家校合作,共同帮助孩子。

在我最初担任班主任的时候,只懂得埋头苦干,自己拼命地教育调皮的学生,却忽略了其他学生。现在我意识到班主任应该关注到每一名学生,而对学生的教育离不开对学生的爱。热爱一个学生就等于塑造一个学生,而厌弃一个学生无异于毁坏一个学生。热爱学生,不仅要爱好学生,更要爱遇到困难的学生。正因其问题多,才需要教师付出更多的时间、精力和爱心。

孩子,答案就在你手中啊!

王娟娟

　　记得曾在一节公开课上,做课老师讲了一个感人的故事:有几个调皮的小孩,手中拿了一只小鸟,打算以一种恶作剧的方法,考一考他们的老师。他们准备将一只小鸟握在手中,藏在身后,然后问老师自己手中的小鸟是活的还是死的。如果老师回答是活的,他们就将小鸟掐死后再拿出来。如果老师说是死的,那么一只活的小鸟将证明老师的错误。几个孩子很得意,他们仿佛已经胜利在望。于是,他们找到了老师:"请问老师,我手中的这只小鸟是活的还是死的?"这几个孩子都睁大眼睛看着老师,老师面带微笑着回答:"孩子,答案就在你手中啊!"

　　"孩子,答案就在你手中啊!"这是多么富有智慧的话语,多么富有人情的答案。马卡连柯认为,尊重学生是教育经验的全部本质。

　　三年前,我被安排担任班主任。因为此前的一次看饭,使我对这个班级有一些了解。还记得班里有一对从长相到性格都截然不同的双胞胎姐妹,姐姐小昕安静沉稳,妹妹小婉活泼开朗,就是不太遵守纪律。孩子而已,喜欢跟同学聊天也不是什么太大的问题,这是我的第一印象。

　　没想到,接班后的一个多月,这个我以为只是有些小问题的孩子让我重新认识了她:个性强,独断专行,脾气也不好,对班里的其他同学说话总是很不客气,经常跟同学吵架,听说还顶撞过老师,甚至敢对老师拍桌子。面对这样一个孩子,初为人师的我很苦恼,既担心管得太严引起她的逆反,又担心管得太松对其他学生不公平。

也许是我与学生们年龄相差不太大的原因,很多学生愿意在课间来找我聊天,这其中也包括她。起初她只是站在一边,看我们几眼就走,一次偶然的机会,我们聊到了当时的一档音乐节目,她便打开了话匣子。也就是从那时起,她开始愿意接近我,而我也总是"有意无意"地跟她聊天。慢慢地,我发现其实她并不像表面上那样强硬,也不是什么有"坏心眼"的孩子。她的性格直爽,爱憎分明,对朋友很讲"义气"。了解到这些,我的思路渐渐清晰明朗了起来。

高尔基说:"谁不爱孩子,孩子就不爱他。只有爱孩子的人,才能教育孩子。"于是我更加留意起小婉在学校生活的点滴,笑着表扬她某一次作业上的字迹比以前工整许多,私下提醒她某一天穿的鞋子不符合学生身份,课间活动跟她们一起跳长绳、踢毽子,在她班里的座位、课间操的位置周围安排相对稳重的孩子,给她以潜移默化的影响。当她与同学发生矛盾时,我分别把两个孩子叫出来谈,不当着全班同学的面单独批评某一个人,给她足够的尊重也让她认识到错误,还让她担任元旦联欢会的主持人和活动策划……我发现她已经学会了倾听别人的意见。

六年级开学前的某天晚上,我收到小婉的短信,问我新学期会不会换老师。在告诉她新学期各科老师的安排后,我开玩笑地提醒她"这一年可要老老实实做人",她答应了,后来也真的做到了。整整一年的时间,曾经霸道任性的小婉不见了踪影,与同学们相处融洽,还跟曾经的"敌人"冰释前嫌,一起主持了班会。这段时间里,她经常对我说的一个词是"感动"。虽然她还不习惯去表达,只是简单的一句"你太让我感动了",做老师的我已经很知足了。

我想,每一位老师应该都与我感同身受。爱自己的三尺讲台,做一生的教育研究者;爱每一个学生,用心打动他们。在他们身上注入点点滴滴的爱,静待每一个小小花蕾的绽放。三尺讲台,舞台虽小,但我们手捧师爱,憧憬明天;一间教室,视野虽短,但我们热爱学生,无悔青春!

国家基础教育课程改革专家组核心成员吴刚平博士曾说过："教育不应只是一种技巧和方法,否则它可能将丢掉教育的灵魂。教育应是丰富人的精神世界,丰富人生……评价应以不伤害学生为底线,给学生一种真实的感受和真切的体验。"当错误变成难能可贵的教学资料时,那便是美丽的。

我喜欢现在的我

徐云婷

在学生的成长发展过程中,不可能一帆风顺,有时学生易陷入"误区",心理出现不少的矛盾和斗争,引起心理不适应、情绪不协调等。这时候有目的、有计划地开展心理健康教育,对促进学生的身心发展具有十分重要的作用。

一、案例介绍

小云,女,12岁,六年级学生,家庭离异,父母各自在外地工作,小云与爷爷奶奶一起生活,但爷爷奶奶还要照顾另一个3岁的小孙子。在学校,小云经常独自一人,沉默寡言,看老师时眼神闪躲,与同学关系也不甚融洽。我采用师生谈话本与其沟通交流,在第一次的谈话本中她是这样写的:她对她的小表弟很反感,小表弟抢她的东西,打扰了她的学习,可爷爷奶奶却非常偏爱小表弟,父母虽然经常分别打电话给她,可不是告诫她要好好学习,就是互相埋怨对方并诉说自己的不容易,她很烦恼觉得没有人真心关爱自己,孤单又无助。

二、案例分析

在和她母亲的交谈中我了解到,不久前,小云的父母离了婚,使她受到很大打击,加上她母亲常常在女儿面前哭诉自己的不幸,埋怨孩子父亲,这使得小云情感更加脆弱,心理压力更大,造成他在同学面前自卑,不敢与同学交流,采取有意回避的态度压抑自己。这种家庭的忽然变故,使她失去原有的心理平衡,变得更加焦虑不安,感到孤立无助,继而逃避,但同时又特别渴望得到关爱。我认识到这时候家长和老师不闻不问,或批评责骂她,只会使她更加封闭自己,使敏感脆弱的心雪上加霜,最终将导致对任何人都以冷漠的眼光看待,不是更加孤立自己,就是以偏激的形式寻找温暖。

三、育人方法

(一)家校携手,温情守护

造成小云心理不堪重负的原因主要在于家庭,因此,有必要让其父母认识到家庭教育的重要性和责任感,即便父母分离,也要承担起教育孩子的重任。我多次和她母亲谈心,告诉她为人母要坚强,希望她面对已有的现实,用自己乐观的态度影响孩子,树立起生活的信心,尽量不要在女儿面前哭诉,更不要在女儿面前诋毁父亲,因为这样于事无补,反而会增加孩子的心理负担,使童年失去色彩,影响她的健康成长。同时我还设法联系到孩子的父亲,说服他尽量抽时间回来看看女儿,多关心她,尽到一个父亲的责任。孩子父母渐渐有了转变,每个人都在以自己正确的方式爱护着孩子。孩子的状态有了明显的改变,笑容多了,话语多了,看人的眼神不再闪躲,人越来越有精气神了。

(二)回归班级,找回自信

通过观察,我了解到小云自觉性强,也爱读书。有一天课堂上,我提出一个问题,很多同学不会答,我竟意外地发现小云眼里露出一点笑意,我就抓住这个机会问她。开始,她涨红了脸,讲得结结巴巴的,我用鼓励的眼神望着她,亲切地对她说:"老师相信你一定能行的!"结果她讲得很流利,得到了全体同学的掌声,她的脸上也露出了久违的笑容。此后,我还多次为她提供尝试的机会,体验成功的喜悦和荣誉,增加良性刺激,使她摆脱自闭心理,激发起自信心和上进心。心灵的交往,热情的鼓励,温暖着她那颗冷漠的失望的心,使她重新回到了班集体中。

(三)主题教育,激发能量

为了使小云学会自强,也教育其他学生,我组织了一次主题班会"如何面困难和挫折"。在这次班会中,同学们热情洋溢地发表了自己的看法,有的说,面对困难和挫折,要像张海迪姐姐那样发奋学习、努力进取,做一个对社会有用的人;有的说,在遇到困难和挫折的时候,要勇于面对现实,不屈不挠地战胜它们,做一个勇敢的人;有的说,只有不畏艰险,勇往直前的人,才是坚强的人。同学们还用精彩的小品、悦耳的歌声等表达了积极进取、自强不息的主题。我细细地观察,发现这小云的眼圈红了。于是,我轻轻地走过去,扶起她瘦弱的肩膀,把她引到会场的中心:"想说说你的看法吗?"她缓缓地抬起头,坚定而清晰地告诉大家:"我要从现在做起,面对现实,做一个勇于克服困难的坚强的人。"她的话博得了一阵阵热烈的掌声。我通过有教育意义的活动,创设一个宽松有益的心理环境,引导小云焕发起对美好生活的热情,增强其克服困难的勇气。

四、辅导成效

我渐渐发现,小云开始开朗起来,看到我也会微笑着主动跟我打招呼,与同学们的相处也很融洽。在春季末学校举办的感动校园故事大赛中,她的故事《我喜欢现在的我》获得了二等奖。看到她文章中内容,看到她现在生活的点点滴滴,我感到小云仿佛获得了新生。

五、案例反思

生存与发展是当今世界性的教育主题,良好健康的心理是提高学生的综合素质的基石。因此,开展心理健康教育是实施素质教育的一个必不可少的环节。加强对青少年心理健康教育,也是走出传统德育困境的需要。青少年正处于由幼稚向成熟发展的阶段,处于半独立半依赖的矛盾时期,有其特殊的心理矛盾,有成人难以理解的困惑与苦恼。现实的严重性,我们不能等闲视之。我们要以对孩子们终身发展高度负责的精神来重视其心理教育,每一位班主任、老师都应该明确自己是青少年的心理顾问及心理保健医生这一特殊角色,及时发现他们的心理问题,利用班集体的优势和特点,对学生们进行心理教育,满足其心理需求,使他们有理想、有抱负,追求美好的生活,增强承受各种心理压力和处理各种心理危机的能力,提高心理素质,以迎接明天的挑战。

春天花会开

薛恩艳

小小的个子,胖乎乎的脸蛋,一双会说话的大眼睛,刚一开学,这个漂亮的女孩子一下子让我记住了她。一年级的小学生,那么可爱漂亮,我第一时间记住了她的名字——小雅。可是一周过去了,这双眼睛从没有与我对视过,也没有向我诉说过什么。在我的语文课堂上,小雅总是呆呆地坐在那,规范的坐姿总是坚持不了几分钟便松懈下去。大课间是孩子们最快乐的时刻,她也只是静静地站着,脸上丝毫没有笑容。

面对这种情况,我必须要向孩子的父母了解情况,尽快制定出对策,帮助孩子找回快乐。毕竟,6岁正是孩子最天真烂漫的时节!一天中午,我约来了小雅的父母,从他们那里得知,原来小雅一直都和爷爷奶奶在老家居住,因为上小学搬到了爸爸妈妈身边,可她并不适应天津的一切。新的生活环境,新的学习氛围,新的老师和朋友,这一切都让小女孩感到惶恐不安。因此,小雅并不快乐。知道了这一情况后,我长舒一口气,仿佛如医生发现了病人的症结,现在对症下药就可以了。我礼貌地送走了小雅的父母,并在那个下午,制定出了"小雅成长计划"。

第一步是帮她找回自信,让她知道在陌生的环境靠自己的努力也会一样灿烂。上课时我愿意多给她展示自己的机会,刚开始她很怯懦,总是慢吞吞地从座位上站起来,吞吞吐吐地说着带有老家口音的普通话,眼睛闪烁不停。每当这时,我都会耐心地跟上一句:"没错,就是这样,请你再讲一遍,好吗?"

她收到了我的肯定,在我的引导下,她似乎也发现站起来表达自己想法并没有这么难,回答问题的表现一次比一次有进步。

小雅有了这些点滴的进步后,我竟比自己得了奖还高兴,因为我觉得我对孩子的爱和鼓励有了回应。接下来,我在班级里设立了"硕果累累"展示栏。孩子们在课堂上表现优秀,将得到一枚小奖章,十枚奖章将换得一个"硕果笑脸"。当小雅从我手上接到第一枚小奖章时,我在她脸上看到了久违的笑容,我的心也被温暖了。之后的小雅像是变了一个孩子,课上主动举手回答问题,下课也能和同学们进行交流。课余时间的操场上,我能看到她奔跑的身影。近期,我班进行了数学小测,小雅取得了满分,她的出色表现让我和任课教师对她刮目相看,我们一致认为小雅是班级里涌现的第一匹黑马,也因此在全班树立了榜样,争取更多孩子向她学习。

小雅的转变像是给刚刚从事教育事业的我来说了一剂助推剂,让我在教育路上走得更快更远。学生需要爱,教育呼唤爱。爱像一团火,能点燃学生心头的希望之苗;爱像一把钥匙,能打开学生心头的智慧之门;爱是洒满学生心灵的阳光,能驱散每一片阴霾,照亮每一个角落,融化每一块寒冰。作为班主任,我会全身心爱学生,关心、尊重、理解、宽容和信任学生,我相信春天花会开。

微笑的力量

杨 静

教育活动是教师和学生敞开心扉,动之以情,晓之以理,增进彼此间心灵距离的活动。因此,对学困生多一点关爱,少一点斥责,就会有意想不到的收获。这样的理念,贯穿了我的教育教学活动,因此,在面对每一个学生的时候,我总是把阳光般的微笑送给他们,并鼓励他们,引导他们,相信他们。苏霍姆林斯基曾说过:"教学和教育的全面技巧就在于,要使每一个同学的潜能都发挥出来,使他们享受到成功。"

我们班有一个同学叫小王,他整天愁眉苦脸,学习成绩很差,作业潦草不堪,而且作业本总是皱巴巴的。每次提问,小王总是结结巴巴的,说不出个所以然来。下课后,也他不入群,不和同学交往。

无论干什么事情,态度决定一切。如果没能培养他良好的学习习惯,端正他学习的态度,一切都是白费功夫。从和小王的谈话中,我感觉他自信心足,因为他人长得小,做什么都被其他男生欺侮,心里生气却不敢说。了解了这些,我就在平时的学习中,注意多给他表现的机会,每次上课,我都会给他发言的机会,不管他答得对错,我都会适时评价,久而久之,他明白了我的良苦用心,学习劲头更足了,说话也流利了,课下也主动和同学交流了,作业也写得认真了……尽管他和其他同学相比,还有很多不足,但是看到他一天天地进步,每天灿烂的笑容,我的心里也由衷地感到高兴。我及时和他谈心,告诉他人首先自己看得起自己,才能被别人看得起的道理。他终于对自己有了信心。

其实,每个人都有要求进步的愿望,每个人也都有丰富的潜能,在我们还没有利用之前,他们之不过是沉睡在心底的矿源。然而在生活中,我们并没有意识到这一点,尤其是小学生,这时候,就需要老师去帮他们点燃他们心中的灯塔。

我们要让学生明白,人生会面对一个又一个的挑战,告诉他们,我们应如何面对挑战。首先就是要肯定自己,肯定就是力量,能让自己充满信心。海伦曾说,"信心是命运的主宰"。但自信心并不是先天就有的,它需要后天的发掘的培养,是一个人在生活、实践中逐步形成的。

心理学研究表明:教师对学生的期望,能在很大程度上促进学生的提高。而要做到这一点,还要处理好师生关系。良好的师生关系,会是学生进步的动力。所以,作为教师,我们不要吝啬自己的表扬,不要吝啬自己的微笑,不要吝啬自己的爱心,给学生以爱的付出,你就会见到他们的成长。

特别的爱给特别的他

杨培艺

2020 年,突如其来的新冠肺炎疫情不仅对我们生命造成了威胁,也对学生们的心理带来了一定的影响。对于家庭来说,孩子的心理健康教育非常重要。心理健康分为生理健康和心理健康,生理健康指身体健康,无疾病,心理健康包含的内容就多了。新冠肺炎疫情来势汹汹,学生被迫延长假期,面对突如其来的危机,部分学生陷入焦虑,出现难以入睡、做噩梦、容易惊醒、食欲不振、疲乏无力等情况。

一、案例背景

由于我国疫情控制得比较好,学校开始有计划地进行复课,暂停了线上教学活动。学生们回到校园,每位孩子的脸上洋溢着幸福的笑容,校园中又能看到学生们蹦跳的身影,又能听到学生们奇妙的欢声笑语。可是,在我的班级里,通过一周的复课,我观察到一个男生变得不爱说话,话明显比上学期减少了很多。我开始和该他平常玩得好的伙伴了解他最近的一些情况,并通过多种方式解决问题。

二、原因分析

新冠肺炎疫情使得每一个人都在密切关注疫情的状态,而在这个信息高速传递的时代,面对 24 小时不间断的疫情信息,信息过载使人们陷入焦虑。

面对可怕的病毒,有些学生可能会产生恐惧、害怕和焦虑等情绪,也有一些小朋友会过分关注自己的身体,怀疑自己感染上了病毒,还可能会出现注意力下降、记忆力减退、食欲下降、坐立不安等问题。长期的居家学习,学生一开始会觉得"终于能好好休息了",但是几天过后,很可能会出现慌张和不知所措的状况。以往假期中最令人开心的打球、玩耍和出游不得不取消,这无疑会让人产生沮丧、孤独和愤怒的感觉,这些都是自然的情绪反应。尤其是现在的孩子多数是独生子女,抗挫折能力比较弱,父母的宠爱容易使孩子心理出现一些问题。

三、辅导方法

(一)指导心理调适方法

在疫情期间,学校发送了多种心理健康调节的方法,指导学生接受自己的焦虑情绪,在客观了解疫情的同时,合理安排好生活。用心理暗示、转移注意力、进行运动等方式帮助自己缓解负面情绪。

(二)不报有太高的期望

当今社会,许多家长对子女都抱有较高的期望。"万般皆下品,唯有读书高"的思想观念占据绝大部分家长的思想。父母期望孩子将来能出人头地,于是早早地给他们定目标,用自己的期望代替孩子的实际能力,使得孩子在不断涌现的新目标中压力倍增,信心渐失。

(三)和家长及时进行有效的沟通

学校告知家长要学会倾听。倾听孩子说话是为了帮助孩子摆脱负面情绪,使他们恢复正常的思维能力,从而有足够的注意力来理解和接受成人的正确意见和建议。倾听也是一种从精神和感情上关怀孩子的重要方式,当孩子说话时,家长耐心倾听是对孩子最大的尊重。针对负面情绪突出的学生,我定期进行电话、短信问候,密切关注其心理动向,适时进行心理辅导,同时告知家长要平等地对待孩子,在宽容孩子的同时也要给予孩子必要的约束。过分宽容则陷于溺爱,过分严格则破坏亲子关系。家长应尊重孩子的爱好,多与孩子沟通,不因家长自身而影响孩子今后的发展,要让孩子在宽松、和谐的环境中健康成长。

四、自我反思

通过不断咨询学校的心理健康张老师,在多方指导下,在班主任及心理老师的关注下,出现焦虑情绪的学生都能够有效缓解负面情绪,及时调整心理状态,重新用积极向上的状态看待疫情、面对生活,做好迎接新学期的准备。

家校携手,才能点亮孩子的美好人生。家校携手,齐心协力,关注孩子的性格、情绪、意志、品格、兴趣爱好的培养,加强学生的心理健康教育,引导孩子们播种好习惯、收获好性格、享受好人生! 家校共育的路很长,让我们携起手来,借助彼此之力共同点亮孩子的心灯,照亮他们未来的漫漫长路!

立德树人

——帮孩子们系好人生的第一颗扣子

张　习

作为一名小学老师,面对纯真懵懂的孩子,怎样能让他们从小就埋下"真善美"的种子,即使在成长中历经挫折,仍能长成挺拔的参天大树,在进入社会后成为栋梁之材,这一直都是我思考的问题。

教育家雅斯贝尔斯说:"教育是人灵魂的教育,本质意味着:一棵树摇动另一棵树,一朵云推动另一朵云,一个灵魂唤醒另一个灵魂。"我希望用我的人生经历和积累的阅历来帮助孩子们系好人生的第一颗扣子,落实"立德树人"的根本任务。

在接手新班级之后,我会给孩子们制定新的班训,即"温良恭俭让,乐学善思行",这也是我的带班理念,即让孩子们树立温和、善良、恭敬、节俭、谦让的意识,这是最基本的美德,也是社会主义核心价值观体系在教育中的体现。此外,立德树人的根本任务不仅要求孩子们要有美好的品德,还要能够成长为为社会主义建设做出贡献的人才,所以"乐学善思行"便对孩子们的成才做出了要求,即乐于学习,勤于思考。不论是学生的品德或是学习,最终都是通过其个人的行为来体现的,所以"行"要求学生想做、多做、善做。

我在日常教学中,渗透"温良恭俭让,乐学善思行"的班训,并从孩子们的转变中抓住教育的契机,从正面引导孩子们知训、明训,并进一步结合"崇德尚美,博学健体"的校训,让孩子们在日常生活能够身体力行。比如某位同学座位周围有垃圾,不等我提醒,他们便会主动抢着把垃圾捡起来,而不小心掉垃圾的同学也会主动道谢,并把垃圾扔到垃圾桶里。孩子们的行为在彼此的影响下有了明显进步。

任何事情都不能一蹴而就,班主任的工作虽有规律可循,但教育对象却千差万别,比如班里的小清有着很强的好胜心,在排队拿饭或者盛汤的时候,常常会争着排第一个,因此有时会和其他的同学产生争执,相持不下时,周围的同学们就会告诉我,这时候我会耐心地给他们分析:"在你们两个人争执的时间里已经可以两个人都拿完饭或盛完汤了,想一想班训里的'温良恭俭让',退一步海阔天空,让三分心平气和,同学之间不仅要友善相处,更要互相谦让。"我让他们都站在队尾,这个时候他们就都互相谦让,都让对方排在自己的前面。之后,我又单独找到小清,耐心地和他交流:"我们可以在学习方面争强好胜,但是在生活中,特别是在学校中要把文明谦让刻在心中,力争做一个品学兼优的好学生。"在此后的持续观察中,小清无论是排队拿饭或是站路队,都有了明显进步,在班会中我也借表扬小清的机会再一次让学生们重温班训、校训以及社会主义核心价值观。

班主任作为学生们的大家长,爱心、细心、耐心是必不可少的。如有的孩子自控能力差,却热心于班级事务;有的孩子学习力较弱,却乐于助人;有的学生上课不认真,但是写字特别工整,所以这个时候就要班主任有一颗积极向上的心态,用发现的眼光看待每一位同学,找到孩子们的闪光点,这是班主任的爱心。班主任还应有一颗纤细如发的心,要做到"勤观察、勤交流、勤家访、勤鼓励、勤表扬、勤记录",这样在处理班级事物时才能得心应手,游刃有余。更重要的是,班主任作为班级工作的实施者、引领者,肩负着几十名学生全面发展、健康成长的重任,大至管理教育教学工作,引导学生的人生发展,小至管理粉笔、地面上的碎纸屑、窗户上的灰尘、学生的午休,这就需要足够的耐心。

我国著名教育学家陶行知说:"教育就是社会改造,教师就是社会改造的领导者。在教师手里操着幼年人的命运,便操纵着民族和人类的命运。"

所以教师自身也要加强师德师风,更要以身作则,用自己的人格魅力和爱引导学生,坚持立德树人,帮孩子系好人生的第一颗扣子,厚植爱国情怀。相信在我们的循循善诱下,孩子们会懂得感恩,懂得责任,懂得做学问,懂得做一个对社会有用的人,也能把自己人生的道路越走越宽,越走越平坦。

保护孩子最宝贵的东西

张 玉

美国心理学家马斯洛曾把"尊重的需要"作为人的最基本的需要之一。他指出：自尊需要一旦受挫，就将使人产生自卑、较弱、无能的感受，使人失去信心，无所作为。只有自尊需要得到满足，才能产生最旺盛的创造力，实现自我，获得成功。因此我在教育实践中尝试着充分尊重"差生"的自尊需要，肯定他们的优势，赞赏他们的成绩。我的教育实践收到了初步的成效。

小妍是我们班一位性格孤僻内向、多愁善感的女孩，她见人便害羞，语塞，害怕与人交往。小妍平时很少参加班上组织的集体活动，上课一言不发，偶尔的考试失误或是上课回答错问题，她通常会十分沮丧，心情跌落谷底。每次与小妍接触，我都会感受到那种强烈的自卑感，她对任何事情都特别敏感，总觉得自己无能，事事退缩，处处回避。

经过多方了解，我才知道，原来小妍是家里的独生女，从小受到父母的宠爱，小学一二年级时成绩特别好，三年级时父母离异，小妍从此跟随母亲一起生活，母亲每天忙于工作，对她生活上的关心较少，平时缺乏沟通，但是对于小妍的期望很高，每次小妍成绩考得不好便会得来一通责骂。母亲的严格要求使她过早背上了思想包袱，加上母亲经济收入不高，小妍的思想包袱越背越重。父母离异后，小妍的生活状态直线下降，老师和同学逐渐对小妍失去信心，她自己也开始变得越来越沉默寡言，意志消沉，对所有事都失去信心，害怕群体生活。

小学三年级时，老师为了鼓励小妍，特意安排她代表班里去参加英语竞赛，原本英语成绩很好的她却发挥失常，没有取得好的成绩，遭到同学嘲笑，这件事的发生，使小妍连剩下的一丁点信心彻底丧失了，学习成绩越来越差。

小妍的心理障碍其实就是自卑心理，是一个人对自己能力和品质等做出偏低的评价，是自己瞧不起自己的一种消极心理状态，是一种主观感受。小妍因家庭变故和成绩一落千丈这些事实，使得自尊心得不到满足，与群体的比较后产生了落后感和失败感。曾经的失败更是让小妍感到刻骨铭心，消极心理未能得到及时调节，产生"我不行"的心理定式。因此，要小妍克服自卑心理，就要使小妍悦纳自己，包括自己的某些缺陷，并能不断地进行自我激励，使自己的人生过得充实而有意义。

首先，我与小妍的母亲取得联系，相互沟通。我对小妍进行了多方的肯定，帮助家长树立起孩子的信心，提高正确教育孩子的热情。同时，我对其母亲以往盲目严格的态度提出了不同意见，我们一起总结和反思，一致认为让孩子重拾信心是我们最终的目的所在。针对小妍觉得自己一无是处这一自卑心理，首先就要使她正确评价自己，不仅看到自己的短处，也要看到自己的长处。一个人只有客观评价自己，才有助于肯定自己，才能克服自卑感。小妍做事认真，上课遵守纪律，热爱劳动，安排下去的任务总是做得有板有眼，因此，课上我会抓住机会多次表扬小妍，同学们对小妍的态度也变得和以往不一样了。被肯定了的小妍终于抬起头来，心情变好了，偶尔也开始与同学交流游戏了。

为了帮助她建立自信，我有意识地给她创造了一些锻炼能力、培养自信的机会，我让她做卫生小组长，并鼓励她一定可以做好，老师相信她。通过对她工作的肯定，小妍开始逐步感受到成功的喜悦，逐渐变得开朗起来，脸上的笑容也越来越多了。继而，学校开展的书法比赛、图画比赛我都鼓励她亲自试一试，一次次的作品参展大大增强了她的自信心。为了使小妍完全康复，我又安排了更多的班级工作给她做，比如负责出墙报、收发小组作业、检查班容等，还引导她在学习上多下工夫，提高成绩。一个学期下来，小妍逐步悦纳自己，最终走出了自卑心理。

最终，小妍能够正确认识自我，对自己有了全面客观的评价，能正视自己的优点和缺点，自我评价由"我不行"到"我能行"，在集体中自信、自立、自强，少有自卑之心，并能正视学习和生活中的失败与挫折。在学习上，小妍课上积极发言，作业质量提高，成绩明显提升。她不再忧郁孤僻，变得活泼开朗，和同学在一起说笑玩耍，乐于与人交往，和同学们建立了良好的人际关系。小妍重视友谊，不再拒绝别人的关心与帮助，与人相处时态度积极，与班里的每个同学都成了好朋友。我们终于看到小妍的脸上经常露出的笑容，眼睛也明亮多了。

性格孤僻者的主要表现为不愿与人接触，对周围人常有厌烦、鄙视或戒备心理。像小妍这种性格孤僻的孩子生活中常常表现出一些神经质的特点，其特征是对事情过于敏感。小妍总认为别人瞧不起她，所以凡事总是漠不关心，喜欢独来独往，因而越发与人格格不入。人际关系不良的结果，使她陷入孤独、寂寞、抑郁之中。长此以往，容易导致种种身心疾病。小妍心理障碍的产生与家庭教育有着必然的联系，因而与家长的时时沟通，加强家庭的配合教育十分重要。家庭学校目标达成一致，以让孩子开心起来为突破口，让孩子学会正确的自我评价，多参加集体活动，树立和增强信心，用情理导引等方法，使小妍最终克服自卑，悦纳自己。我们作为教师的任务就是使小妍学会正确评价自己，树立信心是至关重要的一步，放大小妍的优点为亮点，使小妍重拾骄傲，淡化自卑，老师的赞许、同学的肯定给了小妍很大的自信，使之增强自信，强化其"我能行"的感觉。我引导其积极交往，从良好的人际交往中获得自信。我安排小妍部分班级工作，其实就是有意识地加强她与周围人的交往，在交往中展示自己，发挥自己的优点，同时学习别人的长处，从群体活动中培养自己的能力，并通过集体的评价去认可，去体验交往的快乐。

最终，我们看到了小妍破茧成蝶的美丽，我想，此刻的小妍，她的美丽中一定更增加了一份"我能行"的坚定。

经过这件事，我深深感到尊重和赞赏在教育实践中对学生的激励作用。正如林肯所说："每个人都希望得到赞美。"确实，获得他人的赞赏与肯定，达到自我实现,是人们基本生活需要满足以后的精神上的一种高级需求。这种需求贯穿于人的整个生命过程。世界上许多卓有成就的人就是在追求社会肯定中获得成功的。真心诚意地赞扬对方,鼓励对方,自然而然地使对方显示出友好合作的态度,这就为矛盾的解决提供了心理契机。

有了爱便有了一切

赵　欣

我是一名普普通通的小学一线教师,担任着与学生接触最多的班主任工作。班主任工作是烦琐复杂的,需要教师结合班级特点进行管理,班主任的教育理念和管理方法决定着班级特色,班主任的责任心决定着班内学生在校的一日安全和学习等各方面的事情,班主任的行为决定着学生的发展。

在日常工作中,我们会遇到性格特点、家庭背景等各式各样的孩子。品学兼优、听话懂事的孩子大家都喜欢,但是班内往往还存在一些调皮好动、不好管理的"问题学生"。这些孩子给我们日常的工作增添了很多"挑战",该以怎样的态度面对这些孩子? 怎样处理好在他们身上发生的事情? 我觉得还是要用"爱"。

教师对学生的爱,不仅是教师施教中最基本的职业观,而且符合党、国家和人民对教育工作者的要求,符合辩证唯物主义世界观,是按照教学目的、任务和内容,遵循教学规律,与学生进行心与心沟通的重要途径。教师的这种爱是有原则的,不能无原则地宽容学生、讨好学生。严和爱是统一体,严中有爱,爱中有严。

我所带的班级是一年级,在开学前返校活动中,我发现了一个与众不同的孩子,他身体肥胖,面无表情地站在那里。别的孩子都表现出好奇的样子,而他却是那么安静。我问他叫什么名字、几岁了、家住哪里,一切的问题他都好像没听见一样,头扭向了别处。我心想,孩子肯定是感到陌生,熟悉了就好了。

接下来的接触让我感觉到心灰意冷。这个孩子每天能撕很多纸,地面卫生很差,掉在地上的东西从来不捡;每天做操不出教室,怎么劝说都不动;放学时别的同学都收拾好了,他却不紧不慢的,没有要走的意思;他的脾气非常倔,无缘由地发脾气,不进教室,甚至坐在楼道地上不起来。孩子身体肥胖,行动缓慢,患有先天性弱视,性格孤僻,不喜欢与人交流,学习成绩也不是很理想,经常考试不合格。各种坏毛病集于一身,每天管他一个比十个孩子还累,这样下去可不行,我必须得想办法。

经过和家长沟通,我了解到,这个孩子父母离婚后与爷爷奶奶生活,父母不在身边,爷爷奶奶文化程度不高,对他的行为习惯疏于管教,过分的宠爱导致他我行我素、唯我独尊。怎样面对这样的孩子?如果老师再放弃他,这个孩子就更可怜了。只要有希望,哪怕能改变他一点,我也不能放弃他。我自己暗下决心,改变自己的工作方法,从点滴做起。

我首先与家长勤联系,勤沟通,保持双方教育的一致性、同步性。孩子的奶奶是一个六十多岁的老人,我和老人沟通,让家长知道家庭教育的重要性及学校、班级的教育方法,孩子在学校的不良表现需要家长和学校共同管理,不能过于溺爱,原则性的问题不能让步。

我从生活中多关心他,为了让孩子更好地学习,知道他眼睛不好,我就把他调到第一排座位上;买了削笔器给他削铅笔;书皮、本皮坏了给他订上、粘好;学习中只要有时间就给他补课。这一切让他体会到老师是关心他的,是爱他的,我取得了他的信任,拉近心与心的距离。

我在他犯错误的时候从来不放过,由原来的训斥变成了耐心地教育,一点一点地给他讲道理。孩子的偏差性格已形成多年,要改变不是一天两天的事,需要教师耐下心,慢慢来,摆事实,讲道理,只要出现问题就要和他谈一谈。比如要遵守学校班级的规定,上课要认真听讲,不能想干什么就干什么,和同学要和睦相处。经过多次的引导,他能听进去老师的劝说,脾气也不再像以前那么固执了。

表扬、奖励的方法也挺奏效。毕竟是孩子,只要他稍有进步,我就抓住时机及时表扬,让他感到表现好了才能得到老师和同学的认可。有一次,他主动把他周围的垃圾都清理干净了,我及时发现并及时表扬,奖励他一朵小红花。孩子特别高兴,而且把他的这一表现及时地反馈给家长,家长知道孩子的进步非常高兴,表示一定配合学校、老师管理好孩子。

一学期下来,小家伙由原先的不说话到能主动跟我说"老师再见"了,行为习惯虽然还不能尽如人意,但已经比刚来时进步了很多。工夫没有白下,我感到很欣慰,正是自己不断地摸索,才有了学生的进步。

马克思也指出:"只有用爱来交换爱,只有用信任去交换信任。"严爱相济作为一种基本的教育原则,已深深扎根在绝大多数教育者的脑中,我们所说的严爱相济应当是"适当的严"和"发展的爱"的统一,是一种严中有爱、爱中有严的教育原则。爱是严之本,严是爱之形,爱是必要的。苏霍姆林斯基认为,"同情心,对人由衷的关怀,这就是教育才能的血和肉,教师不能是冷漠无情的人"。事实正是这样,尊重、信任、爱护学生是打开学生思维大门的金钥匙,是激励学生积极向上的驱动力,是使教育者的要求转化为学生自觉行为的催化剂。爱是严的基础,严是爱的升华和外在表现形式,二者是相辅相成辩证统一的,它们之间没有不可逾越的鸿沟。可见,不管什么样的学生,只要我们爱护关心他们,他们都会要求自己进步的。

总之,做班主任是一门艺术,艺术需要创新,只有把班主任工作当作一门艺术来看待,才能在不断的实践中进行创新和改善。我们要在实践中不断去探索,总结行之有效的方法和经验,使班级管理工作的水平不断跃上新台阶。

我能是一个局外人吗？

郝庆冬

全国著名特级教师黄爱华讲的"数的比较大小"一课，给我留下了深刻的印象，我被黄老师灵活多变的教学方法折服。真想在自己的课堂上试一试大师用过的方法。机会终于来了，碰巧现在讲的"小数的认识"中有一部分内容正好是比较小数的大小，反复观摩黄老师的视频后，我用纸做成数字卡片，放在一个塑料盒子里。晚上躺在床上，我琢磨讲这节课时学生们会是什么表现，肯定会不错。但自己班里的那些孩子简直太灵活了，我可得把课堂掌控住。于是我在脑子里过了几遍"电影"，觉得应该没问题了。

第二天上课，同学们一听说这节课的内容可以通过玩游戏的方式来学习，那热情可谓空前高涨。我把学生分成红队、黄队、粉队和绿队四个队，每轮游戏都是各小队中一名学生来抽取，如果抽取的数组成的小数最大，那么他所在的小队就获胜。刚把要求说完，教室里就引起了一阵小小的骚动，这点小波澜怎能撼动我？"我看看每组中谁最有资格来玩这个游戏？"孩子们一个个坐得腰板笔直。当我从组中选出几名同学后，班里传出了一些细小的声音："为什么呀？又是他！"我赶紧解释说："这几位同学都代表整个小组的意见，他可以和你们商量一下，而没有叫到的同学也可以给予他们帮助，给他们出主意，你们说好不好？"学生们都点头说好。我心想，得把这种不满的苗头扼杀在摇篮之中，要不指不定会出现什么意想不到的事情。在抽签的过程中，学生们有时会因为抽到一个比较大的数而欣喜若狂，而有时因为抽的数不理想而在那里大声抱怨自己的组员。于是我再次调整了一下，然后用温和的语调说："同学们积极参与这个活动是对的，但是以什么方式来参与这个活动就不一样了。组员想为所在的小组争光，同学们，我们来给他信心，小声地为他加油。我们可以用怎样的表情来为他们加油？"我们班里的学生就是聪明，一听就明白了什么意思。教室里少了几分嘈杂，而又多了几分紧张和热烈。

看似一节课就要这样顺利地进行下去，谁知却发生了一件意想不到的事。由于制作仓促又不精细，卡片上没有区分6和9，而且我书写的时候的走笔模仿的类似钟表盘上的数字的样式，不区分很难辨别。当绿队抽出一张这样的卡片后，有的同学因为本小组抽到了最大的数而兴奋，但马上被另一种声音掩盖了，这时我用眼角的余光扫了一下，对下面的观众说："她的运气不错，这真是个9！"话音刚落，班里顿时又骚动了起来。我又把这张纸拿出来端详了一下，好像是个6，又像个9，越看越像6，怎么办呢？我总不能说"老师眼神不好，原谅老师吧"！于是我迅速将卡片插回到盒子里，并重申了一边这是数字9，而学生根本不理会，"不公平！老师，那个应该是个数字6，不是数字9！""老师，您偏心！""不公平，明明就是一个数字6！""好了，好了。"我都听不见自己的声音了。为了不打扰别的班的正常上课，也为了尽快平息这场我认为没有必要的争吵，我说："我说是数字9就是数字9！"此时教室再次陷入了平静。"好了，我们来说一下，从中你发现了哪些规律？"这时班里只有一个同学举起了手，而其他同学有的低着头，有的嘴角仍小幅度地动着……

民主是数学课堂文化的准则，其关键是新型师生关系的建立，教师变为学生的朋友及服务者，尊重学生，与学生平等交流，创造既严肃又活泼、既严谨又幽默的课堂教学氛围，这样的课堂氛围有利于学生思维能力的最大化发挥。反思这节课，一个孩子低着头小声地说"不公平"的声音始终萦绕在耳边，原来我一直认为这只是一个小小的游戏，而比赛的结果没有任何的礼品，得到的最多只有教师简简单单的一句表扬，为什么孩子们会这么在乎这个结果呢？为什么在下课的时候还会有孩子跑过来跟我说"老师，我们组应该算是获胜组吧？"我犯了一个愚蠢的错误，为什么我要通过这样一个游戏来讲授这部分内容呢？不就是为了让他们在游戏中培养竞争意识，在和谐的气氛中达到学习数学的目的吗？而由于我影响到了游戏的公平性，让学生对这个活动失去了信心，怪不得最后只有一个人举手，其他人似乎是游离了课堂，这完全是由于我让学生们伤心了。其实解决那个问题的方法有很多。首先，我认为自己在这方面出现了失误，我可以及时从中挑出4张类似的卡片，在模仿台球上的做法，在6下面画上曲线，让这个学生重新抽取，而我当时却选择了一种最不合适的做法。再者，学生们在抽取数的过程中，我应该更多地考虑学生的感受，让自身也参与其中，在同学抽到理想中的数字时为他们感到高兴，在抽到不理想的数字时也要为他们感到遗憾，并及时鼓励他们。这次深刻的反思让我重新修正了自己的认识，要构建课堂文化，教师必须通过各方面的学习，要自觉地、有意识地培养自己的积极情感，成为一个具有丰富情感的人。在课堂教学中要注意体现其人文性，注重人文的艺术的知识的渗透，注重学习者对教育活动过程的内心体验，强调师生关系的民主平等、融洽和睦、相互尊重、相互信任，注重环境的熏陶，鼓励想象、幻想、直觉和创造性表现。

走进学生的心灵

——让学生在老师的关爱中成长

胡　艳

作为一名教师,要做到眼中有学生、心中有学生,要尊重学生、关爱学生。能够引领学生朝向美好心灵成长,既给孩子播种了幸福,也成就了一名教师的幸福人生。

在2021年初我新接一个班的道德与法治课。接班之前,就了解班内的一位特殊学生。听当时班内各学科的老师介绍过,这个孩子非常调皮,课上课下不遵守纪律,有时也影响到班内其他学生上课,让老师们很苦恼。

记得有一次组织老师们看《老师好》电影的时候,里面有学生捣乱的场景,当时任教音乐的老师激动地说:"哎,我们班就有一位这样的学生。"上学期,当时任教体育的老师,下课时哭着找到教务处说"上班三十年来,还没见过这么不听话的学生。"正是缘于此,作为教学副校长的我走进了这个班级。

开学初,我首先找到了班主任,了解到这名学生到了五年级在学习方面还是有一点点进步,我还找了各个学科的老师了解了这位学生的表现,依然还是存在上课纪律的问题。语文老师介绍说学习方面有进步,上课总爱接下茬。英语老师介绍说,上课和总爱跟另一位男生大声说话。音乐老师说,他上课非常不听话。体育老师说,上课追跑打闹,有时控制不住自己,还踢同学。美术老师说,上课不喜欢画画,就喜欢说话。信息技术课老师介绍,他上课很听话,偶尔说话,只要提醒就能改正。

通过我的了解分析得出,他对语、数、英学科,还是基本能够踏实学习的,他对信息技术非常感兴趣的,对于感兴趣的学科他还是能够管得住自己的。

这个男生的头上有一块刀疤,个子高高的,走起路来有点儿一瘸一拐的。通过跟班主任深入了解,我还了解学生的其他特殊情况,这个学生在五六岁的时候做过开颅手术,家里对孩子的要求不高,且现在家里又有了一位小弟弟,家庭对小师弟的关爱更多一些。对于这样一名特殊的学生,我采用了多种方式,递进式地去改变他的上课状态。

从我第一周上课,我看到他并没有因为我是副校长,上课就能约束自己,他上课无所顾忌,让我看到老师们描述课堂上他的真实表现,上课接下茬,经常说的都是负能量的话,不像是五年级的孩子说的话。由于他爱说话,就会带动班里其他学生忍不住互相说,下课后,我就找他谈话,问他为什么说话,对他我不是用批评教育的口气,他也能很平和的跟我说自己的想法,他表示是自己没有控制住自己,下次一定改。

后面两周,我看他上课仍就不能自我管理,只要课上内容稍有一些他上课比较熟悉的知识点,就信口开河。我就利用他喜欢上的信息课来"吓唬"一下,如果你再不改,那下午信息课的时候我找你谈话,果真这招当天有效了,确实这1节课坚持下来了,没有随便说一句话。我发现他通过自我控制,还是有能力做到的。但是信息技术课一周就1节,总不能真的用信息技术课跟他谈话啊,我还是没有找到适合教育他的方式。

接下来上课的日子,他如果再有不遵守纪律的时候,我就朝他一个手势"嘘",他就朝我点点头;我要么就是走到他旁边的同学,提醒他旁边与他说话的同学;我要么走到他旁边,用手帮他把书摆正。

在他上其他课的时候,我每天都要抽时间在教室后门观察他的上课表现,他只要无意间看到我,就能立刻在座位上做好。

再接下来的2周,还算是基本顺利,但是上课不遵守纪律的他,还是没有完全改掉自己的坏习惯,每次下课后,我就和他聊天,他也很喜欢跟我交流,他总跟我说:"老师,有一个很有意思的事,您想听听吗?"更多的与他有近距离的接触,同时也拉近了我们的师生关系。

这个学生非常特殊,我在家也读了一些关于学生心理学的书刊和文章。记得有一个周六日,我在家突然又想到了他,这个一米七五的大男孩的样子,我想他长的个子虽然高,但他的心理年龄毕竟是五年级的孩子,由于他小时候做过大手术,可以想象家长对他的过分宠爱程度。我跟家长取得联系,深入沟通了孩子的进步和现状,家长也表示配合老师们做好孩子的教育。

我对他更多的包容,更多的关爱,也让这名学生有了很大改变,在第八周上课的时候,整节道德与法治课,表现非常好。下课的时候就追着我说:"老师,老师,我一节课都没有随便说话。"我就开玩笑的说,你是要我表扬表扬你吗?他也高兴的笑了,朝外鞠了个躬,还说了声谢谢老师,孩子的转变让我非常欣慰。

作为思政老师,要善于观察学生、倾听学生,了解学生,不断发现学生的闪光点,帮学生扣好人生的第一粒扣子,让学生在关爱中成长,做眼中有光、心中有爱、行中有慧的老师。

第四编

教育感动伴随师生成长

——思政叙事篇

爱的教育

曹 婷

　　开学第一天,我就注意班里有个可爱的男孩子,巴掌大的脸上嵌着一双又大又圆的眼睛,当他专注地盯着你时,眼神里充满了纯真和无辜。但是,他的各种行为却一点也不"无辜"。当同学们在室外排队站好时,他在扭头说话;当同学们都在认真做操时,他站在那里发呆;当同学们在认真听讲时,他在玩尺子和橡皮……

　　语文课上,他总是玩他的橡皮和尺子,不然就是扭头和后面的同学说话,我最初认为可以提醒他,使他改正问题,如:走到他身边,用严厉的眼神让他知道自己做错了或者对他进行提问让他回神……也许是因为我初为人师,经验不足,这种做法并没有让他意识到错误,每次与他谈话时,他总是用那双大眼睛无辜地看着我,之后又将我的话抛之脑后。几次下来,这种"打压"的方式对学生的改变是没有帮助的。于是,我打算换种方式。

　　这一次的语文课上,他再次拿出他的橡皮和尺子,将橡皮切成小块儿,玩了起来。我用眼神余光发现他边玩边看我,似乎也在注意我对他的行为的反应。这一次,我没有严厉地批评他,而是让他回答一个比较简单的问题,他愣了一下,可能没有想到这个问题这么简单。"这道题慕辰同学回答得非常好,请坐。"我用鼓励的眼神看着他,他听到表扬后,那种惊喜似乎要抑制不住地迸发,每次在我的批评下"无辜"的大眼睛这次也有了神采。令我没想到的是,后半节课他的表现比以前好了许多,他在努力地控制自己,脸上都洋溢着喜悦。

我没有想到，一个简单的表扬胜过一万句严厉的批评。于是我课下主动和他的家长进行了沟通，我对慕辰的行为原因有了一定了解，上课的种种表现，是想要引起我对他的关注，希望得到夸奖，以一种较为极端的方式引起教师对他的关注。

了解这些情况后，我课下找到他，与他交流谈心。我对他说："老师非常喜欢你，但你最近得表现不是很好，按照你的能力，老师觉得你能表现得更好，你觉得呢？"他听了我的话，低头想了一会儿说："老师我觉得最近表现不是很好，上课总是玩。""老师特别高兴你能认识自己的不足，你是个优秀的孩子，但最近成绩不太理想是不是？"我摸着他的头说。"嗯。"他点头，情绪也有点低落。于是我为他定了一个只要他稍微努力能够达到的小目标，对他进行言语的鼓励和我对他的期待，听了我的话，他很开心，眼睛里透着希望的光芒，他也表现出了愿意努力的意向。

于是我们两个约定，上课尽量做到不随意说话，想发言就举手回答。之后几次语文的课堂表现有很大进步，每次进步一点，我就在课堂上表扬他。当我表扬他的时候，我能看出他的眼睛亮晶晶的，眉眼中透露的快乐深深感染了我。

通过这件事情让我感受到，学生是能感受教师的情绪的，老师要用爱感染学生，用欣赏的眼光看待学生的优缺点。老师要多与家长沟通，这样才能全面了解学生，挖掘学生优点。在沟通时多给予学生正面肯定，少做负面谴责，对学生的一些偏差行为，尽量客观陈述事实，不加情绪化批评，适时有效的夸奖和鼓励对学生是非常重要的，有利于学生的健康成长。

无言的承诺

常丹杰

我班有个男生叫小刚（化名）他是学校出了名的学生,说起他,甚至可以用"劣迹斑斑"来形容。第一次上课,他就给了我一个下马威:随意下座位,无视课堂纪律,与其他同学聊天,而当你注意他时,他便一脸无辜地问:"老师,我怎么了?"对于刚刚发生的一切都矢口否认。如果提醒他的次数多了,他便用一种不耐烦且觉得你无理取闹的语气问:"我又怎么了?"经常会把你气得哑口无言,而他却以此为乐。

久而久之,班里其他男同学被他影响,出现课堂捣乱的现象,俨然一幅玩世不恭的模样。为此我也用了各种招数:私下交谈、耳提面命,然而收效甚微。此时的我既为他们的课堂表现气愤不已,又为他们的学习成绩着急。

同事们都说我太温柔,我始终坚信作为老师,应该给予学生的是关爱,"以人为本",尊重每一个学生,才是教师应做的事。

一边是软硬不吃的学生,一边是教学经验尚浅的我,但是问题还是要解决,只有先从修炼自己开始:每次上课之前我都先给自己做好心理建设,调整好自己的心态,告诉自己不管面对什么样的状况,都要保持温和的笑容。让他感受到你的担忧、你的关心,你对于他的关爱。可是,面对油盐不进的他们,用什么形式去表达我的关注呢? 语言吗? 实践证明,不管用,他会刻意逃避。那么,用眼神呢? 坚定、信任、关心、担忧的眼神呢? 或许眼神可以表达比语言更多的东西呢? 不妨一试。

　　课堂上，面对他们一如既往的捣乱行为，我先给其他学生布置课堂任务，静静地走到他们面前，保持温和的态度，无论他做什么；然后温和地注视着他，无论他说什么。刚开始，小刚还是像往常一样，对自己扰乱课堂的行为不以为意。我也控制自己，不在脸上显示任何的生气的情绪，继续注视他，在数分钟眼神的对视中，小刚的眼神第一次出现了闪躲。看到他的眼神，我想：小刚是一个懂事的孩子，他并不像表面上那样玩世不恭，毫不在意的样子。他明白自己的行为是不对的。面对我关心、担忧和询问的眼神，他开始反思自己的行为，我把手轻轻放到他的肩膀上，郑重地按了一下，他看了看我，眼神里没有了刚刚的闪躲，用从未有过的认真和信任的眼神与我对视了几秒。他读懂了我的眼神、我的关切，而我也读懂了他的信任和无言的承诺。

　　反思小刚的案例，我放弃了对学生苦口婆心的教导，取而代之的是用眼神交流。我相信他是一个懂事的孩子，渴望被关注。我更深刻地理解"教育是心灵的艺术"这句话，我相信我与小刚之间已经建立一座心灵相通的爱心桥梁。教育的过程不仅仅是技巧的施展，更是心灵的交流。

　　"一把钥匙开一把锁。"每个学生都有自己独特的心灵密码。我和小刚经历了半个学期的"交锋"，相信我终于找到了打开小刚心灵的那把钥匙。

发现孩子的闪光点，树立信心助成长

畅胜娟

　　沐浴着秋日的阳光，一年级的小学生入学了。我怀着激动又忐忑的心情迎来了我的"小兵们"。看着他们稚嫩可爱的小脸，眼神中还露出丝胆怯，我心想，孩子们，我们一起努力。

　　一开完新生入学的家长会，我就收到一条微信。"您好，我是小松的家长，我们是单亲家庭，我和他妈妈离婚了，这孩子脾气比较怪，性格有点拧，提前跟您说一声，您多关注一下。"看到这条消息，再联想开学报到那天，我让孩子们端正坐好，就有一个小男孩一直乱动，那个同学正是小松。但是我明白越是特殊情况，越不能表现出对孩子的特殊对待，这样只能让孩子更加敏感和不遵守纪律。

　　随着时间的推移，不出所料，小松不遵守纪律的次数越来越多。"老师，小松刚才上厕所又在楼道里跑了。""老师，小松刚才用脚踢我。"每天只要到课间，总会有学生来跟我告状，而且几乎每次都是因为小松违反纪律。又是一个课间到了，我正在辅导几个学困生认生字，又有同学来跟我告小松的状。我心想简单的批评教育看来是不管用了，得换个招了。正好，小松这次默写是全对，那让小松来代替我，可以试着把辅导学困生的任务交给他。我看到小松低着头，涨红了脸，他也明白自己犯错了。我把小松拉到身边，告诉他，以后不许再犯错误了，今天开始，你就是他们几个的小老师，你来教他们认生字，小老师可要起榜样带头的作用，你要是以后能遵守纪律，以后你就可以一直当小老师,你愿意吗? 小松眼里透漏出一丝疑惑的目光,同时马上点头答应,说:"好的,没问题。"因为平时都是让班长或者小组长来帮助学困生,这一次这种好事降临到小松头上,他还有点不适应。不过,小松还是有能力的,辅导起来有模有样。几个学困生在他的带领下,逐个的读生字,直到上课铃响了,小松还恋恋不舍地不愿意回座位,还想继续辅导他们。看出了小松的这个心理,我趁势引导小松,下节课课间,你还可以来辅导他们,前提是你自己要表现好。小松听了,连连点头。后来的一连半个月的课间,我再也听不到同学告小松的状。相反,每当走进教室,总能看到小松认真地教其他几个同学读生字或是课文。

小松同学发挥了自己作为"小老师"的作用,每个课间坚持辅导学困生,课间纪律也随之慢慢变好了,但是新的问题又出现了。小轩同学拿着几根掰断的铅笔,一边哭一边跟我说:"老师,小松把我的铅笔全掰断了,呜呜呜……"问清楚原委后,我对小松进行了批评教育,让小松道了歉,并且赔了小轩新的铅笔。通过这件事,我也发现,小松同学劲很大,竟能将铅笔掰断。那能不能试试给小松安排个劳动任务,正好能让他发挥自己力气大的优势。班会课上,我宣布了小松加入擦地小组的消息。后来打扫卫生时,小松每次都是用力地擦地,把教室擦得干干净净。这样,天天精力充沛的小松,把自己的力气用到了该用的地方。小松不仅力气大的用不完,说话嗓门也大。正好发挥他的这个长处,每天让小松负责喊号,组织同学们中午拿饭,放饭盒。小松有了这些职务,天天认真负责地完成这些任务,课间也没有多余的精力做一些违反纪律的行为了。

"小老师""擦地组员""午餐喊号员"这些职务不仅发挥了小松的优势,另一方面又能在一定程度约束小松的行为,小松从一个调皮、爱捣乱的孩子转变成了老师的得力小助手。我相信,在未来的日子里,随着小松的慢慢长大,他还能发挥自己的优势,胜任更多的任务。世界上没有相同的两片叶子,同样,每个孩子都是独一无二的。他们身上都有自己的闪光之处,把孩子们这些闪光之处发扬光大,每个孩子都会长成参天大树。

用爱浇灌　静待花开

陈　宁

巴特尔曾经说过："教师的爱是滴滴甘露，即使枯萎的心灵也能苏醒；教师的爱是融融的春分，即使冰冻了的感情也会消融。"带着这份拳拳之心，秉着"师者，传道授业解惑也"的执着，我踏进了教师队伍，转眼已走过十多个春秋。回首往昔，有过怀疑，有过迷茫，但我始终坚信：爱能够让人变得坚强，变得自信，变得勇敢；爱，能够让人学会理解，学会宽容，学会关爱；爱，能够让人拥有幸福，享受快乐，充满活力，爱是人类最美丽的语言。只要我们用爱浇灌，教学路上那一株株鲜嫩的花儿定会绚丽绽放！

一、用心感动　用爱教育

有人说过这样的一句话："老师不经意的一句话，可能会创造一个奇迹；老师不经意的一个眼神，也许会扼杀一个人才。"我对这句话深有感触。记得班里有个"小豆丁"，个头不高，平时也不爱说话。上课回答问题从未参与其中，课堂于他而言就是：人来了，心却不知何处。同学间偶然一句话就可以激怒他，甚至出手打人。解决问题时又会变成闷葫芦，想要走进他的内心，他却拒人于千里之外。想要改变他，却苦于找不到突破口。可就在我讲《掌声》时，一个不经意的鼓励和一片认可的掌声，却为我走近他打开了一扇窗。

在我提问："英子为什么犹豫?"的心理活动时，很多学生表达了自己的想法。正当我准备做总结时，我发现他动了动手又放下了。为了鼓励他勇敢表达自己,我和同学们为他送去了掌声。当他回答完问题,我不但表扬他的勇敢,更夸他有自己的想法。从那以后,"小豆丁"变得开朗了起来,回答问题的次数变多了,人也自信了。看到"小豆丁"的变化,在以后的教学活动中,我从不吝啬对学生们的表扬,期望得到别人的表扬是每个孩子的天性,孩子的内心世界是清澈的,要善于捕捉她们身上的亮点,对他们适时进行表扬和激励。一句用心的评价就是鼓舞孩子奋发向上的强大动力。孩子建立了自信心,对待各种事物的态度就会变得更加用心。

从学生们渴望上课的期望中,我明白了:是微笑拉近了师生间的距离;是尊重,让我的课堂有了人情味;是理解,让我成为一位受学生喜欢的老师。

二、给孩子一米阳光的温暖

相传丽江玉龙雪山终年云雾缭绕,雪山一侧终年不见阳光,只有每年秋分时节会有一米长的阳光照下来,传说被这一米阳光照到的人就能拥有幸福和快乐,我愿做平凡世界里给予孩子光明和期望,给孩子带来幸福的一米阳光……

记得有次假期回来,班里的"小木木",突然性情大变:上课走神,不和同学交流,作业不认真,动不动就哭……正当我纳闷他的变化时,在与"小木木"妈妈的沟通中得知原来是父母离异的原因。了解到这个情况,我绞尽脑汁想如何才能修复孩子受伤是心呢?我一方面做"小木木"妈妈的工作,让她打开心扉,接受现实,把更多爱和精力放在孩子身上,另一方面在课堂上对"小木木"多多鼓励,在讲课过程中适当渗透一些自立自强的故事。慢慢地"小木木"的情绪得到了缓解,和妈妈的关系也变得融洽起来。

通过这件事我明白了,要在学生的异常表现中发现背后的原因,并用无微不至的师爱,呵护着他生命中的那一点点光!如果我们没有潜力点燃火种,就绝不能熄灭火种!要珍惜努力让每一个学生的心中充满阳光,让每一个学生在爱的抚慰下快乐成长。老师不但要欣赏着他们水晶般的心灵,更要保护着他们玻璃一样易碎的自尊。

教育是一门艺术,只有走进学生心灵的教育才是真教育。爱是教育的原动力,教师关爱的目光就是学生心灵的阳光。有人说:"如果一个教师把热爱教育和热爱学生结合起来,他就是一个完美的教师。"

有爱才有理解,有爱才有和谐,有爱才有期望!用爱浇灌孩子的心灵,静待花开。用心点亮孩子的光芒,照亮前程。相信总有一天会星空漫天,爱洒人间。

用心感化后进生

丁雨奕

伴随着孩子们的天真笑脸,我陪伴着一年五班度过了一个半学期。记得刚开学,面对这些初次离开父母呵护、哭哭啼啼的孩子们,我们班的三位老师付出了自己所有的爱心、耐心和热心,对所有学生关爱有加。半年过去了,孩子们在一天天成长,不断进步,让我们更能感觉自己是最幸福的老师,而教师事业是最阳光的事业。其中让我印象最深刻最有幸福感的是小凡的改变。

小凡是我们班有名的调皮孩子,上语文课、数学课的时候也经常坐不住,自由走动,惹是生非。每天科任老师和学生都向我告状。于是,我找他谈话,希望他能以学习为重,与同学和睦相处,知错就改,争取进步。他答应了,可行动上还是一如既往,毫无长进。

这一切我是看在眼里,急在心里。找他的妈妈来反馈情况,希望得到家长的配合。孩子妈妈反馈:小凡小时候和农村的奶奶生活在一起,刚接回本地读小学,在家也是想奶奶,很少和妈妈说话。了解情况后,我对小凡格外关注起来,处处以关爱之心来触动他的心弦!

有天下午一个同学又来向我告状,说小凡打他。不一会儿另一个同学又说小凡做室内操的时候踢他。我并没有武断地认为就是小凡的错,马上去批评他,而是分别耐心了解事情经过。第二天,其中一位家长放学突然拦住小凡和他的家长,说小凡欺负他。正好在场的我耐心叙述了事情经过,原来小凡做室内操时动作幅度较大,无意中踢到前后两个同学,他立刻就道歉了。

听到我的解释和维护,小凡爸爸举起的手落下了,小凡的眼眶湿润了……这件事情之后,小凡改变了很多。与同学之间的矛盾减少了,与我交流也增多了。

此后,我经常利用日常生活中的点滴教育小凡要关心爱护同学,并鼓励他自己的事情自己做,主动见人问好,主动帮助他人,让他学会讲卫生,讲文明,讲礼貌,也让孩子懂得互相谦让,友好相处。我还会及时表扬鼓他。平时,我会在小凡积极举手回答问题时,在班上说:"小凡又进步了。"在他认真完成作业的时候,表扬他:"你的字越写越漂亮了。"……这样的表扬声中,小凡的笑容越来越多了。当我和小凡家长交流时,经常听他们说起,小凡回家说老师又表扬他什么了,又奖励了他几颗小红花,一脸兴奋,然后那几天在学校表现就会特别好。慢慢地,在和小凡交流的过程中我发现小凡会主动提及家里的一些情况,更多的是他与妈妈的事情。真情所至,心结为开,今后的日子中坚信小凡会还我以百倍、千倍的真情!

学困生不是先天形成的。一个学生变成学困生。有其自身的原因、也存在外部因素。所以转化学困生必须要摸清学生的具体情况,分析原因,找准症结,对症下药。我认为对抗是小凡缺少安全感而自我保护的体现;不思进取是缺乏自信而自暴自弃的体现;欺负人恰恰是自我弱势而寻求强势的体现……找出后进的根源,把工作做到学生的心里,做到每一个问题的实处,做到每一个转化的关键点上,就能收到"药到病除"的效果。教育工作不是理性的说教,而是感情的交流和融汇。感情是最具感染性的东西,一个人的情感可以诱发别人产生同样的情感,教师情感的弥漫则会深深地影响学生。因此,感情本身就是一种教育力量。为人师者,只有用自己的真情才能走进学生的内心,才能触摸到学生的心灵,从而找到教育的最佳时机,进而帮助他们找到前进的方向。在与小凡的交流过程中,我做到了真诚沟通、真心相对,真爱相待,这种充满了人情味的心灵交融最终赢得了他的爱戴和信赖。

心 声

付 铮

　　一天下午,我像往常一样来到教室准备讲课。当我分析到课文的精彩之处时,"丁零零……"下课的铃声不合时宜地响了起来。我不想打断思路,于是对同学们说:"对不起,同学们! 老师占用一下你们的休息时间,把这篇文章的精彩之处讲完。"

　　"又占用我们的休息时间。"

　　"……"

　　"……"

　　这些窃窃私语我假装没有听见继续讲课。当我把剩下的内容讲完的时候,铃声又响了起来——该上下一节课了。"有去上厕所的同学赶紧去。"在我说话的同时,只听"哐当"一声,我寻声望去,原来是小蒙把书摔在桌子上。与此同时,一股抑制不住的怒气冲上了我的心头,大声呵斥道:"小蒙! 你怎么能这样做呢?! 回去把书重新放一次!"本以为她能按照我的话去做,万万没有想到她狠狠地瞪了我一眼说:"你占用我们的休息时间,都快把我憋死了。"说完她径直向厕所跑去。

　　我走回办公室,脑子里仍萦绕着刚才那一幕,为什么会发生这样的事呢? 这些年来我一直是学校领导放心、家长信赖、学生爱戴的好老师,今天怎么变成一位让学生讨厌的老师了呢? 我陷入了深深的思索中,从自身找原因。

　　到了第四节课,一上来我就开诚布公地说:"今天想和大家谈一谈心声。"

"谈心声?"同学们用疑惑的目光瞅了瞅我,又四下悄悄地私语起来。显然,他们是在揣测老师葫芦里卖的是什么药,可相视许久就是没有人举手。

"比如,刚才老师占用了你们的休息时间……"我启发道。

"对!"一个心直口快的学生第一个举手说:"您平时不是总说要专时专用吗?今天为什么不'专'了?"这小嘴还挺蛮利的。

"还有……"

"还有……"

听着听着,我的心渐渐沉重起来。学生们的这些心声,分明是对我工作失误的直接批评呀!是的,为了赶进度,为了提高成绩,我确实在铃声响过后仍意犹未尽;为了"杀一儆百"我的确不分青红皂白地训斥了一些学生……

对于学生们的心声,我真诚地解答并做了自我批评。我向小蒙同学道歉,向全体同学道歉,并深深鞠了一躬。那一刻,原来的一切声响全都戛然而止,忽然间教室里响起了雷鸣般的掌声。在掌声中,我的眼睛湿润了。

记得教育家马申斯基说:"固然,许多事有赖于学校一般规章,但是最重要的东西永远取决于跟学生面对面的教师个性,对青年的心灵的影响所形成的那种教育力量,是任何教科书、任何说教、任何奖惩制度都无法取代的。"是的,通过这节课我与学生真正地融合在一起,听了许多我平时听不到的孩子们心灵深处的呼吁,找到了许多我自以为"是"中的"不是",省视了自己的言行。最重要的是使我真正地领悟了一个教育哲理:要时时刻刻把孩子们放在心里,要时时刻刻把握孩子们的心声。

有则改之,无则加勉。我想明天起,会在我和学生心中共建一座互通的桥梁。

走进孩子的心灵

李翠华

班主任是班级工作的组织者、领导者。要想做好班主任工作,教师必须有足够的信心、爱心、耐心和责任心,同时还要拥有善于发现学生闪光点的眼睛。

记得刚接班时,上一任班主任在与我交接工作时,特意交代过,班里有几名"特殊"的学生。他们有的脾气古怪,有的性格暴躁,有的我行我素,难以管教,甚至有些家长对老师的教育工作并不认同和。面对这样的班级,我一开始还是感觉压力有些大,心里想,接下来的工作一定很棘手。于是我很快调整好心态,准备积极面对这帮孩子们。

其中一个孩子叫小泽,他是个散漫、脾气倔强的男生。爱生气,易冲动,遇事经常大喊大叫,是他最常见的表现。有时他还欺负同学,同学们都不敢接近他。课堂上,同学们都不愿意和他进行小组合作练习。当老师发现他的问题,并给予订正时,他总是撅着小嘴,歪着脑袋,一副不以为然的样子。有时,甚至会跟老师顶嘴。这个班的所有科任老师都能在第一节课记住这个特殊的学生。

小泽无疑是我工作中的一大难题。通过一段时间的接触与考察,我发现他不重视学习。因为基础较差,几乎所有科目都跟不上老师的节奏。课上,他无精打采,只要有一会儿老师没盯住,他就在书桌里搞小动作。这样一来,他不仅影响了自己的听课效果,还影响了别人的学习。下课更别提了,追逐打闹,欺负同学,几乎每天都有学生向我告状。家庭作业,也是敷衍了事,要么不做,要么做不完整,而且书写相当潦草。我试过很多办法,都无济于事。我想,有些孩子表现不尽如人意,只是因为他想博得你的关注。于是我尝试几天不理他,看看会不会有效果。结果他变本加厉地闹起来! 于是,我继续找他谈话,我晓之以理,动之以情,希望他能遵守学校的各项规章制度,集中精力学习,按时完成作业,知错就改,争取做一个他人喜欢、父母喜欢、老师喜欢的好学生。他虽然口头上答应了,但他却依旧我行我素。经过一系列的努力,毫无起色,我的心都快凉了。算了吧,或许他真是不可雕的"朽木"。但我又想,身为一名班主任,不能因为这一点困难就退缩。如果放任自流,不仅会影响这个孩子的身心发展,还会影响整个班集体的管理。于是我下定决心:不转化你,誓不罢休。

在以后的班主任工作中,我尽己所能,抽时间多与小泽沟通交流。慢慢地,我才发现他的生长环境存在一些问题。比如孩子的爸爸妈妈经常因为一些鸡毛蒜皮的事情吵架,而且当着孩子的面,甚至对孩子动手。同时,孩子的爸爸妈妈很少表扬他,反之,他们经常批评孩子,在他们的眼里,小泽一无是处。我们都知道,父母是孩子的第一任老师,孩子是父母的影子。父母经常吵闹,怎么会培养出一个规矩礼貌、友善待人的孩子呢!

发现了这一点,我抓住教育时机,首先与学生家长谈话沟通。请他们在孩子面前做好的表率,关心关爱孩子,并适时抓住机会表扬鼓励孩子,与孩子拉近距离。经过多次苦口婆心的沟通,家长终于有了改进。同时,我抓住一切机会,跟小泽讲做人的道理,以及人与人之间应该互相尊重等道理。他可能也认识到自己的错误,所以态度不再像以前那么强硬了。在学校,我连同科任老师一起商量出切实可行的办法。在课上多给小泽发言和表现的机会,无论回答对与错,都给予其引导和鼓励。学生是很单纯的,得到老师的鼓励,就都能体验成功的喜悦和自身的价值。所以他也很开心。经过一段时间的努力,孩子有了明显的转变。有一天,他跑过来,抱了我一下,说:"谢谢老师,我特别喜欢您。"我发现,原来他还是个懂得感恩的人。

令人欣慰的是,通过将近一学期的努力,小泽能遵守学校的各项规章制度了,上课更加认真了,作业也能工整、按时地上交了,与同学之间的关系也改善了,每门功课都有了明显的进步。

　　作为小学班主任老师,我们要熟悉学生,进入学生的世界,用我们的爱心、耐心和信心去发现孩子的闪光点,再结合教育的艺术,相信一切都会水到渠成。

时光不语　陪孩子一起成长

刘　婷

一、案例介绍及分析

小泽是一个聪明的孩子,特点是头脑灵活,思维敏捷,虽然一年级刚入学,但是说起话来条理清晰。按说他应该是老师喜欢的孩子,一说起这个孩子,所有的科任老师都会不停地摇头。一年级刚上学孩子们自理能力普遍较差,但小泽自理能力加个"更"字,比如两节课下来他的书桌两侧的地上就会布满了他的东西,我提醒他把东西收好,他的状态就是拾起这个掉了那个,最后只能由我帮他收好所有的东西。再说喝水、吃饭这些对于 6 岁孩子本不是问题事情到了他这里也状况百出。家长给他带了有小水碗的水壶,每次喝水都会倒的桌子上到处都是水。吃饭的时候用一种很不娴熟的姿势拿着勺子费劲地将饭送到嘴里,不一会儿他自己着急了,直接下手抓起饭来……

我上班快十年了,被他这样的举动"惊呆了",一开始我很气愤严厉地批评了他。放学时大家都收拾好东西准备离开教室,却见小泽的桌子上还堆放着各科书籍,书桌里的文具不时掉到地上。

和小泽接触的时间越长,我越发现他不只自理能力,行为动作也和其他孩子不一样,站立的时候总是歪着身体,走在队伍里两只脚快速交替前行,感觉有些控制不住自己的行为,和前后同学的距离总是控制不好,要不就是踩到前面同学的鞋,要不就是被后面的同学催促。做操的时候胳膊伸不平,腿也抬不直,手脚配合及其不协调。

小泽的问题让我一个头变成两个大。多次与家长沟通后,我了解到小泽的问题一直存在,比如吃饭,幼儿园没有学会熟练地自己吃饭。家长平时工作忙,"四老"帮忙带孩子,教育理念经常发生冲突,小泽的原生家庭造成了自理能力较差,同时我发现他还存在先天的统感不协调问题。

二、问题解决策略及过程

开学一个月后,我大致了解小泽的情况。针对这样的特殊情况,我请教了有几十年班主任工作经验的老教师,又查看了各种有关儿童行为心理学方面的书籍并通过自己的一些经验制定了以下的解决问题的策略。

作为一个教师,都应以人为本,尊重每一个学生。教育是心灵的艺术。我们教育学生,首先要与学生之间建立一座心灵相通的爱心桥梁。这样老师才会产生热爱之情。如果我们承认教育的对象是活生生的人,那么教育的过程便不仅仅是一种技巧的施展,而是充满了人情味的心灵交融。心理学家认为爱是教育好学生的前提。

对于小泽这样特殊的孩子,我首先要放下教师的"架子"试着亲近他,让他对我敞开心扉,我要以关爱之心来触动他的心弦。比如经常与他聊聊天,了解他的兴趣爱好、对家人的看法以及他和家人的关系。这样可以为走进小泽的心理打下情感基础。由于小泽自理能力差,我利用课间带着小泽一件一件地整理他的文具书本,看着杂乱变成有序,小泽开心地笑了。看到他发自内心的笑容,我明白小泽也是一个爱干净的孩子,看到他一点点的进步我都会发自内心地夸赞他,为他竖起大拇指。

所有的孩子都是需要鼓励,每当听到我的夸奖下一次他就会试图做得更好,当他有了明显进步的时候我会为他准备小礼物,他更开心了,努力的尽头也更足了。

同伴的影响对孩子的成长是必不可少的,同伴的力量有时胜过老师的力量。对于一年级的孩子来说同伴学习的力量更是强大,刚进入校园,很多家长对孩子都不放心,觉得孩子在家里什么都没有做过,什么都不会,突然进入校园什么都要靠自己了,肯定处处碰壁。其实不然,孩子的学习能力非常强,自己不会的从同伴那里都能学到。利用孩子的这一特点,我看似无意实则用心地在小泽身边安插了很多他的小老师,让这些小老师潜移默化地去帮助小泽提高自己的自理能力。为了锻炼小泽以及班里其他自理能力差些的孩子,我还专门组织了整理书包小竞赛,获胜的孩子会得到我亲手签名的劳动小能手勋章。为了让小泽以及班里其他吃饭慢且挑食的孩子,我又组织了光盘行动大比拼,同样为他们准备了我亲笔签名的节约小达人勋章。虽然这些活动中小泽都没有获得勋章,但是在这个过程中我看到小泽明显的进步,书本、文具不再摆地摊了,吃饭也不再用手抓了。

一把钥匙开一把锁。每一个孩子和每一个孩子都是不同的。小泽的情况有其特有的形成因素,老人的溺爱是一方面,父母的疏忽是一方面,孩子本身的生理成长又是一方面。所以要想彻底改变小泽老师一个人的努力是远远不够的。家长的支持与坚持才是使小泽彻底改变的良方。在小泽的问题上我反复与小泽的父母沟通,希望他们锻炼小泽的自理能力,妈妈每天和他一起收拾书包、整理衣物,晚上陪小泽聊天。爸爸负责带小泽进行体育运动,锻炼四肢的协调性。爷爷也不再干涉父母的教育,主动做好后勤保障。通过家校双方的努力我们都看到了小泽的变化。

现在小泽已经上三年级了,各个方面都有了进步:自己的学习物品能分类整理了,走在路队里不再前后碰壁,做操的动作做起来也舒展了。同时,小泽的成绩很优秀,好的行为习惯能促使小泽养成更好的学习习惯。

上班多年,感悟到对学生来说,简单的严厉起到的作用并不大,需要对每个问题进行细致分析才能找到问题的原因以及相应的解决方法。我愿与家长携起手来乘着赏识之风,捧起关爱之情,燃起信心之火,播下期望之种,使每一个孩子都能成为最好的自己!

教育是一段赏识的旅程

刘　洋

"即使通向成功的道路上没有灯光,我也要摸索着辨认那紧闭的命运之门,然后举起手来咚咚咚地把它敲响。"无论哪个学段的教育,都不是一蹴而就的。在这里我发现了真实的教育。

一、真正的教育是在摸索中前行

我和学生刚接触的时候,他们的学习习惯不好:上课随便讲话,作业也交不齐。年轻气盛的我,便开始了一系列整顿措施。千方百计告诉他们怎样做,却发现他们对我的苦口婆心完全不在意,尤其是男同学,我简直受不了了。

我常常在想:面对这样的孩子,我应该怎么去教育他们? 一时间我真的想不出好办法,但还是天天和他们磨在一起,泡在一起,长在一起。

一次我在班里给学生上完课,临下课时还没忘记教育学生两句。下课铃响了,学生撒了欢了一股脑儿跑了出去,我跟在后面,心想,刚教育的话又给忘后脑勺了。走出教室,看到其他年级的老师就不经意地微笑地打了声招呼,并且高兴地聊了几句,没注意我身边站着我班的一小男孩儿,他仰着头一本正经地跟我说:"老师你笑起来真好看,老师你要多笑啊,我喜欢看你笑!"听他这么一说,我心里咯噔一下,原来小孩子的心思是这样的,时刻在观察着他的老师。我回到办公室,他的这句话一直在我耳边响起我总在思考,无论看起来多顽皮的孩子,他们都对生活充满了细心之处,时刻关注着自己老师的一言一行。看来我的一举一动真的能影响他们，而不是像我之前想的那样他们全然不把我的教育当回事，因此我告诉我自己，要试图更了解他们，走近他们。

我把他们的兴趣当成自己的兴趣，并在适当的时候在他们面前展示自己。课间活动，我与他们一起聊天；元旦联欢时，把自己录的"妖娆的"舞蹈视频给学生看；六一儿童节，五音不全的四个男同学表演唱歌，我在下面叫好；调皮学生的作业本上多了几句我鼓励的话。慢慢地，他们也在发生变化，更加懂得自我约束。课下会主动找我问问题；作业本的字迹会越来越工整；教室的卫生有人主动做了；诗朗诵他们会为班集体积极卖力地表演；第一次跳绳比赛输了，女同学抱着我哭；给我分享他画的小狗和小牛的画；问我多大，跟我聊八卦……

一件一件的小事拉近了师生之间的关系，一次次的互动也让我对学生认识得更深入。

二、教育就是不断地赏识

美国心理学家威谱·詹姆斯说："人性最深刻的原则就是希望别人对自己加以赏识。"

班里有个"大男孩儿"，个头大、也胖，不讲卫生，还常有违规违纪行为，导致班里总是得不到"卫生流动红旗"和"纪律流动红旗"，同学们对他"另眼相看"。当我找到他谈话时，他一副毫无所惧的样子，"你能告诉老师，你的优点吗？"我微笑着说。"优点？我哪有优点，我身上全是缺点。""怎么会呢？老师觉得你身上优点挺多的，每次男同学发生矛盾时候，你总是第一个站出来摆平，说明你很仗义啊，而且我发现你口才不错，元旦节目你能给大家表演吗？""啊，嘿嘿，老师您过奖了，我不行。"他不好意思了。"老师看好你，回去准备准备，说个脱口秀，老师帮你打印稿子。""啊，不行，不行"他再三推辞。"你怎么不行了？"我紧接着问。"老师，我形象不行。"我一下就笑了，"形象不行就整理整理嘛。"元旦过后，全新的他展现在同学们的面前。我们都为他鼓掌。

自此之后，他真的换了一个人似的，每天都能努力完成作业，布置给他的工作也做得很好,同学们越来越喜欢他了。

作为一名普通的教育工作者,我并没有一招制胜的法宝,也没有诱人华丽的辞藻,有的只是与学生们的朝夕相伴。已经参加工作六年的我,虽然也有疲惫的时候,但正因为有了这群真实可爱、活泼善良的孩子们,我的工作永远充满了新鲜的,满满的正能量。

在"战疫"中成长

石　静

这是一次特殊的分享活动,因为它发生在疫情期间,是一次线上的"学习雷锋分享会"。在经历了特殊的开学,特殊的上课,特殊的升旗,特殊的班会之后,我们又迎来了这次特殊的分享会。这次"学习雷锋事迹"的分享会,希望学生寻找身边的榜样,采访他们的事迹,在线上和同学们分享。

学生们分享了许多精彩感人至深的故事:比如小楷的爸爸,他是一名下沉前线的干部,负责高速路口入津车辆的询问,每天需要工作十几个小时;琦琦和程程的爸爸是酒店隔离点的工作人员,工作强度大,感染风险高,长时间不能回家……这几位同学都表达了对爸爸的想念和担心,懂事的他们,对爸爸的情感化为全力的支持与无比的自豪。

有的同学分享的是自己邻居的故事:小胡同学的邻居王奶奶和维维同学的邻居张爷爷,都是退休多年的老干部,在这次疫情中,每个小区实施封闭管理,社区人员的工作压力大,这两位老人看到后主动报名,为每天小区门口测温、登记进行志愿服务。小胡同学在采访王奶奶的时候问道:"您这么大年纪,每天站一上午为大家测温、登记,累不累?"王奶奶爽朗地回答:"虽然退休了,但是我身体好着呢,医护人员在前线打仗,咱们后方也得给力呀!"

雯雯平时是个内向腼腆的孩子,这次的分享却十分特别,"我知道自己距离雷锋精神还有一定差距,但我想分享我做的一点小事。电视里看到这么多人都为了抗击疫情奋不顾身,我自己也想出一份力,我跟妈妈说了我的想法,妈妈鼓励我在社区宣传栏张贴疫情小贴士，还用沾了消毒水的抹布，把整层楼都消了毒。"

从他们的发言中，我发现学生们都有善于观察、怀揣感恩的美好品质。听到故事的同学，不由得发来自己的感受，孩子们纷纷在群里回复自己的感受，有的同学受到启发，也想到了自己身边的"雷锋"，一时间线上的分享会的气氛变得十分热烈，雷锋精神真正深入到学生们的思想中。

在这个特殊的时期，学生们经历了对未知的恐慌、不能出门的不适应，但当他们看到自己的国家，医护人员，科学家，父母、家人、邻居、朋友、老师，都在各自的岗位上，为保障全国人民的安全，为了社会仍旧井然有序，在不同的岗位做出相同的努力时，他们自己也努力了起来。他们真的长大了，懂事了，他们的懂事源于身边无数"雷锋"的存在。要知道，对孩子的最好的教育，是身体力行，我也感受学生经过这次"疫情"带来的变化：

于是平时不爱完成作业的同学，传来了字迹工整的作业；他们知道了自己也要有担当，于是在家中主动承担起了家务；他们理解了"少年强则国强"，于是在家也不停止体育锻炼；他们懂得了"科技强国"，所以开始发奋学习立志将来成为对人类有贡献的人。

疫情是一场灾难，却给同学们上了一节生动的思想课，相信他们再次重返校园，会更加珍惜友谊，珍惜家人，尊敬老师，感恩社会。

作为一名一线教育工作者，我的成就感，则来自同学们一声声"我明白了"，"好的老师，我这就改"，"谢谢老师，太晚了，您快去照顾小宝宝吧"，"今天上的网课是您录的，同学们都兴奋坏了"。孩子们真诚而懂事的话语，恐怕是一切辛苦的安慰剂。

如今，我国疫情得到控制，前景一片向好，但那段网络学习带给我和学生们的记忆和成长，永难忘怀。

静待花开

王章美

担任一年级班主任工作已经快一年了,在这忙碌又紧张的一年中,我经历了很多:有苦有甜,有痛苦也有喜悦,有过失落迷惘,也有自豪骄傲……种种感觉涌上心头,但唯独没有后悔。无论遇到何种困难,我从不后悔自己的初衷,时至今日,我仍然庆幸并自豪自己的选择——当一名人民教师。这些年来,在学校各位领导的关怀支持下,在同校老教师的帮助指导下,通过自己的不懈努力,终于使孩子们一步一步地走上了正轨,自己也得到了成长。

记得刚开学的时候,我内心很惶恐,不知道会遇上什么样的学生,对一年级的小学生来说学校的一切都是崭新的,对学校的一切充满好奇。在第一周的适应教育中,我敏锐地察觉到班上有好几个调皮的孩子。果不其然,其中有个叫小戴的同学引起了我的注意。小戴的话特别多,无论什么时候都管不住自己,还经常和同学打架,每天很早来到学校,但不做任何与学习有关的事情。在班里不停地惹是生非,在大家都安静休息时故意发出巨大的声响,同学们接二连三地向我告状,我的课堂也常常因为他的捣乱不得不停下来。我经常把他留下来批评教训,找过他的家长进行谈话,但无济于事,第二天他依然故伎重演。

多次尝试无果时,我开始静下心来思考,反思自己的做法:对小戴的教育除了批评还是批评,孩子的毛病没少,可我的精力越来越差,每天感到疲惫。这种做法没有从根本上解决问题。究竟应该怎样做才好?

偶然间,翻到《心平气和的一年级》这本书,让我受益匪浅,感触颇深。想到自己的一年级课堂,每天都是忙乱、紧张的状态,于是我带着一分好奇,阅读了这本书,感受着属于一年级的"心平气和"。

看完之后,我开始反思我的做法,原来批评学生是我最大的失误。因此,在以后的工作中,我尽力不批评他们,而是经常找机会与小戴聊天。通过交谈,我了解小戴有一个妹妹,可能是这个原因加上父母的疏忽,小戴的性格变得急躁暴怒,经常调皮捣蛋,这种表现与小戴的年龄特点有必然的联系,说明自己解决不了这种情绪,渴望成年人的帮助。我知道这类孩子特别渴望被爱与关注。

因此,我找来小戴的父母与他们进行了沟通,家庭方面要做到一是要认真耐心地和小戴沟通。二是要表达爱和关心,告诉小戴即使有了妹妹,父母仍然爱你。三是要正确对待孩子间的冲突。此时需要父母正确处理问题,要求他们学会对自己的行为负责,不夺他们学会解决问题、锻炼自我控制和情绪化的机会。

慢慢地,我发现小戴是一个热心肠的同学,于是我经常在班上表扬他。如:小戴今天表现真好,一节课只讲了三次话,比昨天的次数减少了,证明你有进步等。在教师节那天,当调皮的小戴捧着一束花缓缓向我走来,深深地鞠躬并说道:"王老师,您辛苦了,我以后会更努力学习。"我的心瞬间被快乐和感动包围,溢满了幸福,老师的付出是如此被需要。不论做什么,需要就是存在的理由。我想学为人师的意义在于教化从容,但愿我们都做一个终身学习型的老师,拥有一个平和的心态,平和地度过一年级,平和地看待学生的成绩,平和地看待学生的差异,相信每一朵花都将开放,只是花期不同!

等一朵花开需要许多耐心和微笑

杨翠竹

2019 年是我教师生涯的第八个年头,也是我担任班主任工作的第五个年头。班主任是班级工作的领导者和组织者,作为小学班主任,我深深地感受到,班主任在解决学生突发问题对学生的发展至关重要,对学生的健康成长有着直接影响。

开学一个月左右的时间,由于小张经常胃疼,经常请假看病导致缺课时间过长,小张返校复课时,学习有些吃力。因为身体原因,时常伴有频繁的呕吐,课间大部分时间不敢面对同学和老师,于是选择一个人待在卫生间。我发现这个问题后,决定与小张先私下沟通。我的谈心起了一点作用,小张减少了去卫生间的次数。然而问题并没有彻底解决,慢慢地,家长发现当小张学习遇到困难时脾气有些暴躁。于是,家长带孩子去专业的心理辅导机构,初步诊断为他有轻微的厌学情绪。

学校领导和我进行了两次家访和两次到校谈话。我们了解到,小张在长辈们溺爱的环境下长大,缺乏处理问题的能力和面对挫折的勇气。在与家长交谈中我发现,小张的父母习惯性听从孩子的想法,没有培养帮助孩子分析和解决问题的能力,甚至有消极处理问题的倾向。于是我决定,解决小张的厌学问题,应该从辅导小张父母如何教育引导孩子开始。此外,我定期为他送去三科的复习小卷等材料,方便他了解学校的教学进度。家长在这个过程中有了转变,开始引导孩子积极面对问题,用充足的时间陪伴孩子。

在此期间,我班茜茜也出现类似请假情况。我的第一反应就是以最快的速度解决茜茜的旷课问题,否则此类状况就会在班级蔓延。校领导得知我班情况以后,鼓励我:"积极去做就好!"于是,我着手解决茜茜的旷课问题。

茜茜的特殊情况与小张的不同。茜茜是妈妈领养来的孩子,一年前父母离异以后,妈妈带着两个孩子一起生活。茜茜的妈妈工作很忙,没有时间照顾孩子,孩子因为孤单产生了逆反心理。经过一番谈心,茜茜答应周一到校上课。此外,我还嘱咐茜茜妈妈,工作再忙要记得给孩子足够的爱。然而,周一茜茜没有到校上课。我驱车来到她家,经过一番劝说,茜茜同意回到学校上课。这次,茜茜在同学们面前变了个样子,梳了的漂亮小辫子。

此后,连续好几天放学,茜茜妈妈接受我的建议,尽早回家给孩子做饭,还会给我看孩子回家写作业的小视频。

期末考试来到了,小张和茜茜都参加了考试。在缺课严重的情况下,小张三科成绩中两科合格,这为小张重新树立了学习的信心。而茜茜同学三科成绩均达到等级良好,进步很大。

作为一名班主任,能用耐心与爱心帮助学生更好地成长,付出再多也值得!

多一点耐心,多一点关爱

姚　瑶

一接班,我就注意到了他,一个特殊的孩子,他在上课时从来不举手,集体回答也从不开口,下了课我和他说话,他用点头和摇头回应我,通过观察我还发现他下课也不和其他同学说话,基本在学校一天时间都是和别人零交流。我有些好奇,更多的是担忧,是什么原因让一个孩子在活泼好动的年纪这么沉默寡言呢。我询问了班主任,他告诉我,这个孩子生活在一个单亲家庭,爸爸带他,由于工作原因,孩子两岁多就放在全托幼儿园,后来又在寄宿家庭生活了一段时间。我很想帮助他,因此在上课提问环节尽可能让他回答问题,每次他站起来,脸涨得通红,我每次都跟他说:"不着急,慢慢来。"就这样他结结巴巴好长时间才能说出答案,但每次我都会表扬他,同学们也会给他鼓励的掌声。就这样,突然某一天他能够主动举手了,他有了这样的进步我特别高兴。

在上学期紧张的期末复习期间,我偶尔会拖堂。有一次他通过写周记的方式给我提建议,我借着这个机会找他谈话,跟他说:"谢谢你给我的建议,其实我在上学时也和你一样,不喜欢老师拖堂,我相信有这种感受的不止你一个,其他同学肯定也有相同的感受,这样多讲的几分钟也不会有效果,是你让老师及时发现了这个问题,老师以后肯定会注意。"我说完后,他羞涩地笑了。除此之外,那天我们还聊了很多,我能感受到他那天很开心。作为一名教师,在教育过程中,我坚信耐心和关爱可以带给学生自尊和自信,尤其是对待特殊的孩子,我们要给予他们更多的关怀,让学生积蓄更多成长的力量。

我很庆幸在成为教师的第一天就把爱学生作为教育学生的起点和基础,在以后的教育道路上,我会不忘初心,把真心的微笑挂在脸上,把温暖的阳光播撒在学生的心中,用爱和耐心为学生的成长保驾护航。

小别离

——我的育人故事

张爱丽

"人有悲欢离合,月有阴晴圆缺。"今天令我感触最深的是"离别",离别也曾出现在古人的情感中:李白的"桃花潭水深千尺,不及汪伦送我情"、王勃的"海内存知己,天涯若比邻"、王维的"劝君更尽一杯酒,西出阳关无故人"都道出了离别时的留恋、不舍、伤感的愁绪。在人生旅途中,每一个你身边的人都是你的过客,有父母、夫妻、儿女、朋友,他们有的陪伴你几天,几个月,十几年,几十年,但无论时间长短都有分别的时候,正所谓"天下没有不散的宴席"。

作为一名小学语文教师,送走了一批又一批的学生,分别总有些不舍的滋味。今年这届学生是从五年级接手的,他们是一群活泼的学生,慢慢地,我们熟识起来。在一个平常的星期五下午,一个小个子女生跑到我面前腼腆地说:"老师,下周我就转学了,这是送给您的分别礼物。"我一看是一本袖珍诗集和词集,当时我愣住了,想拒绝,但又怕伤了孩子的心,打开一看第一页上写着"谢谢张老师对我的教导",我拉住她的手说:"不是说下学期才走的吗?怎么这么快就走啊?""我也不想走,只不过我妈妈工作关系,临时决定的。"我把一个新的笔记本送给了她,写上一些祝福的话语,就这样她和老师分别了,也和同学们分别了。

就在前不久孩子的母亲给我发来了微信,上面说:老师您好,我是原来六年四班王逸晨的妈妈,感恩您上次的大力配合,孩子转学到新的学校,摸底考试全年级排名前列,体育比赛也是很优异,被新学校的老师和领导点名表扬,说她个子小小能量满满,互帮互助带动了整个班级的学习氛围。同学们也都很喜欢她,过生日的时候家里来了好多同学,有同班级的还有其他班级的。在天津的时候没感觉,现在才知道西青实验小学的教育水平果然是把孩子培养成了全面发展,人格健全,人生观积极向上的人才。深深的感恩学校优秀的教育体制,感恩老师们的辛勤付出,悉心培养,特别感谢您,您的严格要求,让孩子学会自律学习,在新的环境下快速适应,遇到你们这样的老师,真的是我们家长的福气! 感恩老师!

她还说:孩子转学前的那几天一直在哭,每天晚上要跟同学们视频,看的我们家长心里酸酸的,这样的真情实感,连成年人都动容。说明她是多喜爱实验和这里的生活,这颗小苗苗的成长是您一点点浇灌出来的。

看到这几条信息我真是高兴又感动,高兴的是这孩子真的很优秀,很快就适应了新环境,还取得了优异的成绩,作为老师我为她感到骄傲;感动的是这孩子有一颗感恩的心,更让我感动的是他和学校及同学的情谊是那么深,真是难舍难分,于是我马上在班里给同学们读了微信内容,同学们也都很高兴也很激动,我还录了全班同学的视频传给王逸晨的妈妈,到晚上他们也传了一段视频和照片,难忘和同学老师相处的每一天,难忘一起体育训练的日子,难忘受伤时几个同学帮助她的时刻。当我把王一晨的视频放给同学们看时,有好几位同学都哭了,也许这是离别的泪,思念的泪,感动的泪,此时班里无比的安静,同学们都陷入这种离别的气氛之中,"同学们人生中就像一段旅途,许多人有缘而聚,你们在起生活了快六年了,即将毕业,面临着分别,分别是必然的,聚合是暂时的,让我们共同珍惜在一起生活的每一天,相互理解,相互宽容,不再有打打闹闹,斤斤计较,即使有一天分别了,也不后悔"。每位同学都给王一晨写了一封信,孩子们以前提写作文就抓耳挠腮,现在能酣畅淋漓地写上一两页信纸,表达了思念不舍之情,我想这就是语文与教育的结合,写作要有生活的源泉。有缘我们还会相间的。

　　不知怎的自打那次之后,班里同学们的纪律好了很多,打逗现象明显减少,感觉他们一下子就长大了许多。其实教育的乐趣就在于此,

　　蕴含着酸、甜、苦、辣各种滋味,静下心来想一想这二十几年的教育生涯,此时我所记住的都是孩子们可爱的一面,刚入学时的懵懂,开心的笑脸;工整隽秀的字体,精彩的发言;一起布置班级文化展牌,开展班队会活动还历历在目;我为班里皮小子而生气时,给他们进行思想教育,下课不知哪个学生偷偷给我写的小纸条,我顿时安慰了许多;还有毕业生留言说我是"励志师",有的写信说是我的一次提问鼓励使他开朗积极起来,你看老师的一言一行,对学生的影响有多大呀! 这些也许就是作为教师的幸福感和成就感吧! 二十几年过去了,我也由一名青年教师,成长为中年教师、班主任,看着一届届学生毕业,真是感慨良多! 我想,作为一名教师要想关爱学生,就是做到以德育德,以心育心,尊重学生,育人有方,真正走进学生心里,让学生感受到老师的爱,只有这样他们才能接受老师的教育,健康成长,取得进步。

我能写好作文了

张 习

三年一班有个高高的、胖乎乎的小女孩,叫小心。小心是老师们眼中的作业"困难户",她不仅家庭作业做不完,甚至是课堂作业也拖拖拉拉,即使按时交上来了,作业也是"惨不忍睹",不仅错误百出,书写也不规范。

有一次,小心没有完成抄书本的作业,即使她记了作业,但还是不抄写课后词语表,我很生气,问她为什么没有完成,小心吞吞吐吐了半天,说怕奶奶说她。我很奇怪,写不完作业奶奶才会说她,如果想写完作业怎么还会挨说呢?原来,小心写作业很慢,有时候还会边写边玩,总是拖到很晚,奶奶想让她早点休息,于是她就假装写完作业。知道事情原委后,我一边和奶奶联系,让奶奶端正孩子写作业的态度,不能边写边玩,另一边也耐心地教育小心要认真完成作业,写作业是为了巩固知识,也能练字,所以要重视写作业这件事。

在此之后,小心有了很大的改变,作业完成度大大提高了。但是,有一次周末留下了写一篇看图作文,周一所有同学都交上来了,我本来很欣慰,结果打开小心的作文本,她竟然一个字都没写,交了一个空的作文本,我一下子火冒三丈,我想她不写作业还有补救的机会,但是交了一本空白的作文本就是诚信的问题了。

课间我将她叫到办公室询问没写作文的原因,她睁着大大的眼睛看着我,里面有惶恐、愧疚和不安的情绪,我的怒气便消了大半,在一再追问下,她终于说出原因:她不会写。小心的基础确实不好,从二年级接班的时候,她学习就很吃力,拼音基础差,而这些和她的家庭有着很大关系。小心的爸爸妈妈在她刚出生时就离婚了,她一直跟着爷爷奶奶生活,每到周末才会去妈妈家,由妈妈督促、辅导她学习。而最近的一次家访,小心的奶奶却告诉我,去年小心的妈妈再婚了,对她的关注更少了,甚至基本不见面,而她的爸爸再婚之后对她不闻不问。爷爷奶奶文化程度不高,只能打零工挣钱,再加上老人的宠溺,小心没有养成良好的学习习惯,做作业总是偷懒,想着得过且过。

所以小心说不会写作文,惊讶过后我想着怎样才能解决问题。对小心我一直保持着最大的耐心,理解她的学习基础不好,每次放学后,我会单独留下她,给她巩固基础,从拼音到课文背诵,她总算是没有掉队。但是三年级以来,不论是从作文的字数还是内容都有了更高的要求,为了让她能够把作文基础打好,我专门给她准备了一张小凳子,在课间的时候,把她带到办公室,仔细指导她怎样写作文。我们要写的第一篇作文是看图作文,要求把图画的内容叙述出来,并加上自己的想象。于是我一步一步地引导她看图中有哪些人,在做什么,再结合生活经验,想一想他们会说什么。在我的耐心引导下,小心终于把一篇作文完整写下来了。

之后一有机会,我就在班级里夸奖她,夸她坐姿端正,这节课她就会积极回答问题。还会告诉她有很多优点,比如乐于助人,热心于班级事务,做事认真细致。小心的变化越来越明显,笑容越来越多,作业也都可以独立完成了,在写第二篇作文的时候,小心高兴地说:“我能写好作文了!”之后主动把作文单独交给我,说她查阅了植物的资料,写了向日葵,我问她为什么喜欢向日葵,她说因为她喜欢向日葵积极向上的精神。

教育家雅思贝尔斯说“教育是人的灵魂的教育,本质意味着:一棵树摇动另一棵树,一朵云推动另一朵云,一个灵魂唤醒另一个灵魂。”我想着用关爱和耐心一点点去焐暖小心内心的冰冷,及时地给予她一句轻轻的鼓励,一个信任的眼神,甚至是拍一拍她的肩膀,让她这朵迷失方向的小云朵,在鼓励和肯定中找到方向,重拾向前的信心,每天面向阳光,积极向上,就像冰心先生曾说过:"有了爱,便有了一切,有了爱才有教育的先机。"

不仅是小心,所有的学生都渴望教师的理解、关爱和赏识,教师的每一点关注和鼓励都会在他们的心灵上流下不可磨灭的印迹,成为他们前进的动力,甚至会影响他们的一生。

一个水龙头引发的事件

张孝伟

二分钟预备铃响起,还没等下节课的老师进班,学校的保洁阿姨风风火火地跑过来,说:"你们班的三个孩子把男厕所的水龙头弄坏了,现在还在漏水呢!"听到是我班的同学弄坏的水龙头后,我先向保洁阿姨道了歉,并保证彻查此事。保洁阿姨虽然生气但看到我的态度表示了理解。保洁阿姨离开后我先给后勤主任打电话告知三楼东男厕所水龙头坏了,赶紧派人来修理。等打完电话下一科的老师已经站到门口准备进班上课了,我最后离开班级时对学生们说道:"谁把水龙头弄坏的,想好了下课找我,也许我还能跟主任求个情不让咱赔,否则的话那就不好说啦。"

再次下课后,我问:"刚才是谁在厕所玩儿水龙头啦?"班里顿时鸦雀无声,我又继续说:"说实话的孩子才是好孩子。"对于三年级的孩子们来说这种伎俩还是管用的。只见 A 缓缓地站了起来,与此同时 B 和 C 也慢慢站了起来,三个男孩子,果然数对上了。"那么是谁把水龙头弄坏的呢?"我接着问。"张老师,水龙头真的不是我们弄坏的!"三个孩子异口同声说:"我们到那里时就已经是坏的了"。我一看是这个结果就耐心说道:"只要说实话,老师都会帮助你们,但是只要说谎,那就是不对的。"又是一番心里战术轰炸。这时三个男孩子已经有一个掉眼泪了,但是三个孩子还是坚持说水龙头不是他们弄坏的。其实这个时候我已经相信他们了,我话锋一转:"好,那你们明知道水龙头是坏的还要靠近它,还玩水,这样做对吗?"三个孩子一起摇头。"首先,明明知道水龙头是坏的还去玩,弄了保洁阿姨一身的水这件事儿是不对的,一会儿三个人一起跟阿姨去道歉。再来,这个水龙头是公共用品,既不是自己的又不是班级的,以后不允许再去玩儿,还有没有其他同学参与啦?"当得到没有其他同学参与后我继续说道:"本来就是坏的,别的同学都没有碰,你们玩的时候,让保洁阿姨看到,咱有嘴也说不清楚,对不对?我问问学校对这件事的处理结果。"

这个事其实不需要和学校主任沟通,我这样说是为了让学生更深刻地认识错误。又一节课下课了,我慢慢走进教室时,那三个玩水孩子一起走过来时,那期盼的眼神我至今难忘,这时我才意识到还欠孩子们一个结局。"好了,通过我跟学校主任诚恳地道了歉,主任说不用咱们赔了,但绝不可以再犯。"三个孩子一听脸上顿时露出了笑容。"谢谢张老师!"孩子们齐声大喊,从这句感谢中我听到了孩子们发自内心的声音。

"其他同学应该引以为戒,以后要注意自己的言行举止,大家明白了吗?"我的话音刚落,整个班级齐刷刷大喊:"明白了!"

虽然这是一件小事,但是事过之后我还有一点小小的感悟:就是一个班级对外和对内的关系的处理。首先虽然是几十个学生的小学班级,也需要老师进行及时的"危机公关"处理,在学生面前,对于外部来的压力,作为班主任要勇于担当,要把自己当作班级的一员,与班级共同面对,增强学生的归属感、集体感、荣誉感。其次在危机过后,一定要在班级内部把事情搞清楚,对涉事学生要讲事实摆道理,在检讨中加深对错误的认识,让班级的学生们看到一个透明、公正、担当、和谐的集体对于班级生活的重要性。

作为教师一定要时刻想着班级、想着学生。只要你用心,你收到的一定是学生的尊重信任还有那满满的幸福感。

学习的目的

张雅畅

作为教师我们在小的时候家长在为什么要好好学习这个问题上都会告诉我们这样一个答案："孩子,你要好好学习,这样才能考大学,才能找到好工作,过上好日子。"而我们对此也深信不疑,作为学习的动力牢记至今。

的确,在我们小时候,这样的观念情有可原。因为家里确实过的艰苦。冬天只有白菜,只有过年才吃肉。穿的家长做的棉裤、棉鞋、棉袄。三四十买一双新皮鞋,足够高兴好几个月了。

最初,我也一直坚持着这样的观点,然而,一件事的发生,却让我有所感悟。

作为一名90后的"青年教师",我跟我的学生追一样的"星",看一样的电视节目。我曾沾沾自喜地认为作为90后的一代,我跟我的学生没有什么代沟嘛!直到那一次,一位经常不交作业的孩子又一次跟我说:"老师,我的作业本没有页了,所以我没法写作业。"听到这句不知道他已经说过几次的话,我决定跟他好好聊一聊"学习的目的"。

"孩子,你要好好学习,这样才能考大学,才能找到好工作。"我语重心长地跟他说。

我试图说服他关注一下自己的未来,关注一下自己的未来需求。好好学习,为自己挣得一个美好的前程。可是那次我得到的回应只是一个懵懂的眼神,听到了一句违心的赞同。至于作业,后来他依旧经常不交。

面对这样的难题,我一方面每天继续提醒孩子认真对待学习之外,也在反思:"为什么从小到大被几代人传承教育孩子的话,在这里不顶用了呢?"

直到有一天,看着孩子们中午吃午饭的时候,我才终于意识到问题的原因可能是什么。那是一顿平平常常的午餐:一个大荤,一个半荤半素,一个全素。荤素搭配,营养均衡。但是有的孩子却把肉都挑了出去,只吃了几口菜便合上了饭盒。这时,我又想起了那句话:孩子,你要好好学习,这样才能考大学,才能找到好工作,过上好日子。他们现在的生活,不就是当初我们的父母希望我们过上的日子吗?荤素搭配,干活不累。

这时,我才意识到,我们一些人奋斗的"终点"可能是这些孩子的"起点"。我们对孩子说的所谓的劝解与鼓励的话,孩子们之所以理解不了,一个很大的原因是现在他们的生活条件比我们当时的要好出很多。我们努力考上大学营造出的美好生活,可能正是孩子们现在的日常。时代不同了,可是我们的劝解话语却没有任何的进步。

作为一名年轻教师,虽然我努力地贴近孩子们的生活,却没有真正走进学生的内心,没有意识到学生真正的需求,却妄图以真情实感成功的劝解学生,显然会事倍功半。孩子们的生活水平提高了,改变现状,改变人生不足以吸引到他们,孩子们有自己的个性,更聪明了,更有主见,更有想法了。那么学习究竟为了什么?

反思过后,以下三点,在与学生交流的过程中,取得了一定的回应,收到了一定的效果。

1. 为了报效祖国而读书

这个想法的交流是在特定的背景之下,与学生进行交流的时候说的。这是因疫情停课停学,复课后的第一次课,我与同学们交流时说的。那堂课我们相处得很随意。那堂课,我们相互都说了很多,有长久不见的想念,有对课堂生活的怀念,也有对自我,对学习的重新定位。在疫情面前,医护人员的奉献与付出,社区工作者忙碌辛苦的背影。这些事情就发生在他们身边,甚至是他们的亲戚,他们的父母。网络铺天盖地的新闻,他们也有所了解,如此背景之下,确实有部分同学的有了更坚定,更明确的报国目标。

2. 为了将来有更多的选择而读书

虽然他们已经感受不到生活困苦带来的压力,可是有目标,有主见,个性鲜明的他们,却希望能自由选择自己的人生。那么学习所带来的更多的选择机会,这一目的可能更能触动他们。对待某一项职业,能做但是我不想做以及我不能做但我也根本不想做。哪个听起来底气更足便显而易见。学习只有明确了方向,才能更有动力。

3. 为了生活得更加优雅,生活更有品质

前几年很火的一句话是什么?孩子你为什么学习?为的是当你看到飞流直下的瀑布时,能够吟诵出"飞流直下三千尺,疑是银河落九天"的诗句评判画面的壮观。而不是"哎哟,这水真多"。

虽然不是正统的教育教学理论,但何尝不贴合现今孩子们的理解与需求呢?虽然我没有用原句与同学交流过,但是也正是这样一个看似玩笑的话给了我更多的启示。为了日后更具儒雅气质,好好学习,好好读书必不可少。

因为作业问题引发而来的一次短暂的"小交流"让我意识到作为一名教师,一定要及时的与时俱进,当你的思想观念没有真正跟上时代的变化,社会的发展,那你必定会觉得现在的学生越来越难以劝解。是学生越来越难教,还是我们自己与现今社会越来越脱节了呢?经过多次的交流,我的学生至少对待学习不再那么的迷茫,不再抵触,他们开始尝试学习的快乐,因为他们有了目标。而那位不爱写作业的同学,也有了很大的进步。但我知道,有一些同学的内心,我还没有真正走进去,我还需要再去了解,再去沟通,再去与他们共同成长,寻找学习的目的。寻找的过程,他们在成长,我也在成长,也许这就是教育工作者的快乐源泉之一吧!

金秋十月百果香

郑延军

又是一个金风送爽的十月,一年一度的校园读书节如约而至,而"跳蚤书市",毫无疑问成了读书节最引人注目的一枚果实。"跳蚤书市"开市那天,同学们把家里闲置的旧图书带到班级书摊上自由买卖,俨然一个微缩的图书交易市场,让他们过足了"老板瘾",旧书得以循环利用,卖书所得将捐给学校扩充图书馆藏,真可谓一举多得!

漫步书市,看着五花八门、各有千秋的书摊,听着各种有趣而未脱稚气的童声叫卖……

"好书恒久远,一本永流传——"

"走过路过不要错过——"

售书活动就要接近尾声,可我们班的书摊上还剩下不少图书,这不,几名"售书员"纷纷提高了叫卖的分贝。我本想上前帮忙,但转念一想:授之以"鱼"不如授之以"渔",姑且沉住气,看看他们到底能想出什么办法来。于是,我便站在不远处默默观察。

这时候,赵凯(化名)闯入了我的视线,只见他半推半拉着一个戴眼镜的男孩来到书摊旁,故意抬高嗓门向大家说道:"同学们注意啦!这是我最好的朋友,他看咱班图书剩得多特地来捧场!"边说还边冲大家挤眉弄眼,不停地向那个男孩推荐图书。男孩支支吾吾再三推却,却也不好意思转身离去。见此情景,赵凯皱眉道:"依我看,这两本就不错。"说着,一把便将两本书塞到了男孩手里。男孩一脸无奈,最终只好勉强买了两本。就这样,赵凯接二连三地拉来他的"好朋友",不一会儿就卖出了六本书;其他几个售书员见到这般本事,纷纷向他投去羡慕的眼光。

我站在一旁,看他稚嫩的小脸努力做出的成熟表情,再配上那过于世故老练的腔调,不禁笑出声来,暗想:真是人小鬼大! 只是,这满脸的志得意满,真的很难将他与课上那个无精打采的学生画上等号;再看那些"正牌"售书员,个个都是班里的尖子生,但在卖书这件事上,却真的是黔驴技穷、力不从心。

失笑之余,我再一次感叹,每个学生都有自己的优势和劣势,即便是一株不起眼的草花,也一定会在某时某刻呈现出属于自己的光彩。如果只是秉持一种尺度考量这些有着不同兴趣、爱好和特长的孩子,真是愚不可及;而我们长期以来,却恰恰对做这样的蠢事情有独钟,学习成绩的好坏就是我们手中的尺子。每个孩子身上都有闪光点,作为教师,切不可仅凭学习成绩论英雄,而要多角度观察、全方位地客观地评价学生。

心怀期待,我开始了守望。在教学实践中,我努力为学生搭建平台,引导每个学生发现自身的闪光点,鼓励他们走上"舞台"尽情施展。渐渐的,班内诞生了"小小发明家""成语大王""剪纸小能手""阳光男孩儿""孝顺之星"……我怀着一颗期待的心与学生们一起欣赏朝阳,也欣赏落日;欣赏早飞的"笨鸟",也欣赏晚归的"寒鸦"。一路且歌且行,欣赏着不曾见过的"风景"……

"郑老师,咱班的图书都卖光了,提前完成任务,请您指示!"学生的一句话把我从沉思中惊醒。看到学生们的脸上洋溢着笑容,手舞足蹈,我也笑脸盈盈地融入其中。

一阵秋风吹过,那一张张笑脸,爽朗的笑声,我似乎闻到了一股瓜果的清香,真是正是金秋十月百果香呀!

悄悄的话，我们悄悄说

周甜甜

一个温暖的午后，我正坐在办公室里批改作业，门突然被推开了，只见小暖已哭成泪人，伤心地跑到我面前。

"快告诉周老师，发生了什么事，谁欺负你了？"她一边抽泣一边回答："我妈妈刚从北京给我带回来的文具盒不见了……"我急忙寻问："是什么样的？什么时候不见的？"陪她一同前来的小朋友连声说："她的文具盒可漂亮了，上面还带了一把小锁头。刚才她拿铅笔的时候，发现不见了。"我安慰道："你再仔细想想，把它放在什么地方啦，会不会放在书包里了？"小暖肯定地说："没有，我就把它放在了抽屉里。"

我赶快带着小暖来到教室，发动全班孩子寻找"不翼而飞的文具盒"，我问："你们见过小暖的文具盒吗？"孩子们都叽叽喳喳地说没见过。"小暖本来想把新买的文具盒给大家欣赏一下，可是突然忘了放在什么地方了，你们能帮小暖一起找一找吗？"孩子们倒是积极踊跃，一起陪小暖找遍了教室的每一个角落，可令人失望的是并未发现它的下落。看来不得不承认：有人喜欢上这个文具盒，把它悄悄"借"走了。

怎么办？望着一张张稚嫩可爱的小脸蛋，我实在找不出怀疑的对象。突然，我想到曾经在《心灵写诗》一书中看到的一段话：班主任最重要不是管理，而是走进心灵，用"悄悄话"的方式可以解决很多问题，既然想不到更好的办法,不如就试试说"悄悄话"吧。如果孩子们都愿意同我分享,那么"借文具盒事件"也就迎刃而解了。

　　于是,第三节课一上课,我立即在班里举行了一个"朋友,我想告诉你一个秘密"的讲悄悄话活动。我说:"这节课,周老师想和大家玩一个游戏,现在我就是你们的大朋友,今天我这位大朋友想和你们分享一下我们之间的秘密,你们愿意吗?"教室里一下炸开了锅,"太好了,我想和周老师做朋友……""我也想,我也想……"这群天真又顽皮的孩子忍不住欢呼起来。我借机赶紧揭示游戏主题:"我们每个人都会犯错误,周老师也会,但犯了错最重要的是及时改正,谁愿意悄悄地和同伴分享一下你的犯错误经历?"然后,我开始宣布游戏规则:"请大家找到自己要好的朋友,向他诉说压在你心里的秘密。听到秘密的小朋友一定要做到帮他保守秘密,并提醒他及时改正错误!"

　　我的话音刚落,孩子纷纷离开了座位,走向自己的好朋友,他们开始轻声细语起来。静静地看着小朋友们一个一个从我身边经过,我的心中突然产生忧虑:孩子会把自己的秘密告诉我吗? 毕竟我老师啊! 万一没有人来找我,丢失的文具盒怎么办? 我如何给小暖一个交代?

　　可惜的是直到下课,我还是没有任何有关文具盒的消息。但是我想,只要能坚持等待,一定会有收获。果然,这之后的第三天课间操的时候,一个平日里性格活泼的孩子——果果,突然慢吞吞地走向我,她红着脸低声说:"周老师,我想和你分享一个秘密,小暖的文具盒是我拿的,你可以不要告诉别人吗?"我心里长长地吁了一口气:这短暂而又漫长的两天等待,"文具盒事件"终于可以结案了。"能勇敢地承认自己的错误,你做得很棒! 那现在你准备怎么办呢?""我不敢自己还给她,我害怕她以后不和我玩了。""明天你悄悄把文具盒放在老师讲台的抽屉里,我帮你还。不过,以后要'欣赏'别人的东西,一定要征得对方的同意,明白吗?"她使劲地点点头,我笑了,她也笑了……

　　这次的事件留给我许多思考:人非圣贤,孰能无错? 大人尚且都会犯错,何况是跌跌撞撞摸索成长中的孩子? 很多时候,孩子的豁然开朗、顿悟清醒,也许就在我们耐心等待的一刹那之后。我曾经也想过,找到这个孩子"惩罚"他,不过一切坏情绪都在见到果果真诚而清澈的眼神后烟消云散了。和果果的"悄悄话",是我对她犯错的宽容,更是对她自尊心的呵护,也正是这些"悄悄话"让她在愧疚之后能够平静而从容地抬起头……今后,那些悄悄的话,我们一定要记得悄悄地说。

第五编 探索思政渗透教育研究
——研究成果篇

《杨柳青年画校本课程的开发与实施》成果报告

李祖华

一、问题的提出

天津市西青区杨柳青镇素有"年画之乡"的美誉,其题材广泛,手法斑斓,地域风格多彩多姿,是民间美术的无价之宝。杨柳青年画蕴藏着深厚的文化、艺术底蕴,不仅是我国传统文化的艺术瑰宝,更是一笔可贵的教育资源。西青区实验小学就坐落在物华天宝、人杰地灵的"中国魅力文化传承名镇"——杨柳青,依托独特的地域优势,开发"杨柳青年画校本课程",传承中华优秀传统文化,让年画文化润泽儿童的成长,就成为我们的自觉行动。学校不仅拥有一支优秀的美术专业教师队伍,同时杨柳青年画老字号"玉成号"画庄又坐落在学校学区片内,我们能够充分利用年画传承人这一家长资源。让年画之乡的孩子了解年画、爱上年画、绘制年画,既可以使杨柳青年画这一非物质文化遗产得到传承,又可以培养其爱祖国、爱家乡的美好情感。基于此,我们进行了杨柳青年画校本课程的开发和实施。

二、解决问题的过程与方法

（一）准备阶段

1. 组建杨柳青年画校本课程开发队伍

学校由校长任组长,美术教师全员参与,制定了杨柳青年画校本课程开发方案;同时聘请西青区美术教研员、杨柳青年画传承人为顾问。2001年,依附于区域年画文化,学校将美术教育作为课程特色,并派美术教师到年画馆向杨柳青传统年画艺人学习技艺,并确定了部分年级的个别班为课题实验班级组织参与"十五"课题"杨柳青年画课堂教学实验"的研究,2004年5月课题结题。经过三年的初步尝试,在研究与实践的过程中,学校教师年画技法、教学组织方法等得到年画艺人的认可。在此期间作为课题实验校,先后承办了课题中期汇报会和结题会,专家们对这一研究成果予以肯定。

2. 调查师生的课程需求

主要是了解有多少学生喜欢杨柳青年画课程,以及不同的学生对课程有怎样的个性化需求;教师对于年画校本课程的认知,教师的素质能否胜任年画校本课程开发的要求,教师对开发年画校本课程的困惑,以及相关培训的需求。

3. 学习课程理论,借鉴校本课程建设的经验

组织相关教师和人员学习现代课程流派和校本课程开发的理论和技术,为开发年画校本课程奠定理论基础。

(二)实施阶段

1. 编制校本课程学习材料

2004年,在西青区教育局、教研室的支持下,在相关专家和杨柳青年画艺人的帮助下,学校编写并完成了包括《学生年画彩绘技法》《画稿》《教师参考》三部分的杨柳青年画校本材料,同时制作了《杨柳青年画漫谈》光盘,展现杨柳青年画的发展史、绘画工艺、代表作赏析。

2. 将杨柳青年画纳入课时安排

我们将杨柳青年画纳入美术学科教学中,在课时上进行了调整,确保每个教学班两周一节年画课。

3. 杨柳青年画教学内容的选择与设计

一年级到六年级的授课内容分别是:一年级"虎娃"、二年级"四季花"、三年级"连有余利"、四年级"二甲传胪"、五年级"福寿双全"、六年级"春风得意"。在授课内容安排上也是由局部到整体。以五年级为例,五年级的年画

教材是《福善吉庆》，在第一学期教师会带领学生先学习画中吉祥物的画法，以及了解吉祥物的寓意，到了第二学期学生已经具有一定基础，此时再画整幅的作品比较容易完成。在绘画技法方面，根据学生的年龄特点、绘画水平，本着由易到难的教育原则，学校对年画技法教学进行了科学的安排，低、中、高三个学段目标统一，但侧重点不同。一年级和二年级学生要求会用蜡笔、彩铅、油画棒彩绘年画；进入三年级，教师们要求学生要大胆创新，采用蜡笔、水彩相结合的方法引领学生进行彩绘练习；四年级、五年级和六年级的学生，老师指导学生要用水彩独立完成简单的彩绘年画。

4. 邀请年画传承人进校指导

我们聘请杨柳青年画第六代传承人霍庆顺、霍庆有以及其家人到学校为学生进行现场绘画指导，并讲述杨柳青年画的发展史、传说故事等相关知识。

5. 营造浓郁的年画校本课程学习氛围

走进学校的大门，18 幅富有时代气息的巨幅杨柳青年画环抱操场，18 个杨柳青年画娃娃化身为 18 个运动项目的运动员，展现运动风采。每个年画娃娃都神气十足、动感十足，让学生们感受年画特色的同时，也了解了不同运动的相关知识和独特魅力，在娃娃运动员的带动下，学生们主动参与运动，快乐运动。

进入主教学楼，一楼大厅中以杨柳青年画代表作《连年有余》为背景的大浮雕格外抢眼，集合校训、校风等的巧妙设计，将杨柳青年画元素和学校文化融为一体。二楼的杨柳青年画艺术长廊，详细地介绍了杨柳青年画的历史、种类，展示了各个题材的年画代表作，激活了学生对年画的兴趣。杨柳青年画展室介绍了不同年代的杨柳青年画代表作，杨柳青年画勾描、刻板、套印、彩绘、装裱五大制作流程以及"玉成号"画庄三姐弟的年画情怀。尤其是二楼东侧的师生年画作品展厅，为师生提供了绘画才艺展示的平台，欣赏着自己或同学绘制的年画心中无比喜悦与自豪，激发了学生从小参与年画传承的积极性。

(三)提升拓展阶段

习总书记提出"以古人之规矩，开自己之生面"，在新时代下学校不但要传承和弘扬中华优秀传统文化,还要实现中华文化的创新型发展。因此,学校在传承传统年画绘画方式的同时,还以杨柳青年画内容为题材,开发了许多相关课程。为了对杨柳青年画的形式和艺术特点进行传承创新,在落实"杨柳青年画学科课程"的同时,学校还将年画艺术引进社团活动,成立了西青区实验小学年画社,开设了风格独特、极具年画情趣的两个美术专用教室,即"杨柳青年画彩绘室"和"年画艺术手工活动室"。从不同年级选拔对年画特别有兴趣且大胆创新的孩子进入年画社,利用素质拓展时间专门进行高技能的训练。

比如在材质方面,将杨柳青年画画在扇面、书包、手绢、风筝、雨伞、灯笼、马勺、背心甚至螃蟹壳上等。

在制作工艺方面,学校将杨柳青年画和景泰蓝、版画、剪纸、刺绣、泥塑等工艺相结合,开设了不同工艺的选修课。

在年画校本课程开发与实施过程中,主要采用以下方法:

1. 理论探讨与行动研究相结合

通过理论探讨明确校本课程的功能和价值,掌握校本课程开发的技术和要求,通过行动研究反思校本课程开发与实施中的问题不断改进和完善年画校本课程,提高校本课程的质量。

2. 年画传承人指导与美术教师开发实施相结合

学校邀请杨柳青年画非遗传承人进校指导年画校本课程的开发与实施,同时充分发挥美术教师的积极性和创造性,保证了校本课程开发与实施的质量。

3. 普及与提高相结合

要求所有学生了解杨柳青年画,学画杨柳青年画,通过校本课程的学习形成一定的审美能力和爱祖国的品德,让真正有兴趣和潜能的学生在此基础上掌握一定的年画技能,让校本课程惠及全体学生。

三、成果的主要内容

(一)形成了年画课程实施体系

杨柳青年画课程作为学校"1＋X"多彩教育课程体系中的特色课程,与国家课程有机衔接,为实现学校办学理念和办学特色提供支撑。杨柳青年画校本课程作为"X"中的一门特色校本课程,确立明确的课程目标,选择设计科学的课程内容,改革课程的教学方式和评价方式,形成比较稳定的课程实施体系。整个课程结构体系如下:

1. 从课程对象上:"1"代表面向全体、全面发展,"X"代表面向差异、培养兴趣;

2. 从课程内容上:"1"代表基础性课程,"X"代表拓展性课程;

3. 从实施方式上:"1"代表必修课程,"X"代表选修课程;

4. 从培养目标上:"1"代表培养关键能力,"X"代表倡导个性发展。

(二)年画成为课程融合的载体

学校将年画课程与其他学科课程相融合,借助年画这一独特载体,丰富了各学科的学习形式,起到了一举多得的教育效果。学校将年画与语文课程相融合,编印了《杨柳青年画知识读本》内容言简意赅、生动易懂,一年级至六年级的师生人手一册,使学生在掌握技艺的基础上更深入地了解杨柳青年画的悠久历史和灿烂文化。

为了多元地演绎年画文化,教师们将音乐课与年画课相融合,根据杨柳青年画的娃娃形象和故事,创编了《欢天喜地杨柳娃》《乐有余》等特色舞蹈,给原本无声的年画增添了韵律与活力;劳技课与年画课相融合,师生用吹塑纸、布艺等做材料,采用由内到外,层层粘贴的手法,使年画作品有了立体感,提高了学生的鉴赏能力、创作意识和动手技艺;英语老师还编写了《杨柳青年画英语解说词》,成立了杨柳青年画"小小导游班"向来到杨柳青的国际友人传播年画艺术……

(三)家校合作,拓展了年画教育效能

学校以"实现家校相互配合,形成教育合力,促进学生素质提高"为目标,坚持不懈地运用家长学校课程向全体家长进行家庭教育知识的宣传,提高家长对家庭教育的重视程度,让他们参与到教育中来,年画就成了家校共育的得力抓手。在不同工艺的年画选修课上,有此项技能的家长主动作义教。

家长们在休息日也积极配合学校活动,带着孩子参观年画花园,走进年画博物馆,还有的家长搜集有关杨柳青年画资料,打印成图片让孩子在绘画时作着色参考。

(四)赋予年画新时代气息

学校构思并创作了关于"未成年人思想道德教育""阳光体育"两大主题的宣传年画,如"娃娃"搀扶老人过马路,"献寿娃"手中的蟠桃变成了高扬的奥运会五环标志等。师生创作的多幅作品成为西青区创建全国文明城区宣传展牌的主题图片,宣传阵地走出校园,走向社会,学生们作为年画遗产的继承者和宣传员,肩膀上又多了一份社会责任感。

四、效果与反思

通过杨柳青年画校本课程的学习,全体学生都自觉地参与到杨柳青年画的绘画和推广中来,古时杨柳青"家家会点染,户户善丹青"的盛世景象重现于实验小学的校园中。

(一)效果

1. 满足了学生个性化发展需要,培养了学生兴趣、爱好、特长,多方面对学生进行思想品德教育,促进了学生的全面发展

学校有多名同学的年画剪纸等作品获市级传承奖,涌现出一批批的书画小童星。在杨柳青年画欣赏课上,同学们看着一幅幅线条流畅、色彩艳丽、人物稚趣浓厚的年画感受颇深,唤起了学生对杨柳青年画的绘画欲望,提高了学生审美鉴美能力,激发了对乡土美术的喜爱之情,杨柳青年画独特的寓意,起到了潜移默化德育效应。如画面中的"蝙蝠、扇子"寓意"生在福中要知福","心中要有他人,要与人为善";"梅花、莲花"寓意做人要有"梅花笑傲冰雪"的顽强精神和"莲化出淤泥而不染"的高贵品质。

从年画的内容看,它是民俗文化的形象载体,有反映劳动人民热爱生活、对未来美好生活向往的《连年有余》《福善吉庆》等作品,有体现尊老爱老传统美德教育的《献寿图》,有教育学生珍惜今日安居乐业的生活环境,努力学习报效祖国的《鹑萌图》和《落叶娃》,学生在欣赏这些年画的同时,受到了良好的品德教育,正所谓"随风潜入夜,润物细无声"。

从年画的题材看,从传统年画到现代年画,从历史类到民族类,从戏剧类到故事类,题材广泛,包罗万象,使学生在了解了家乡的历史和年画艺术的发展过程中,惊叹祖先留下了这么高贵的艺术财富,从内心油然而生对劳动人民聪明才智的无比敬仰,激起了继承家乡优美文化遗产的决心与信心,使学生的情感、态度、价值观得以升华。

从学习年画技法中,培养了学生细心、专心、耐心的良好习惯。杨柳青年画独特的绘画工艺也使学生体悟到,做好任何一件事,都必须付出艰辛的努力。一幅年画从勾描到彩绘要经过较长时间的反复练习,尤其是人物面部彩绘部分,需要十几道工序才能出现细腻柔润透亮的效果,学生们要经历一个学期的绘画练习方可掌握面部的技法,这对磨炼学生意志大有益处,一幅作品的完成与展示,又使学生获得了成就感,从而提高了对杨柳青年画的浓厚兴趣,加深了对祖国民族艺术的深厚感情。

2. 提高了美术教师的专业能力,年画与多学科的融合,促进了全体教师专业水平的提升

通过杨柳青年画校本课程的开发与实施,美术教师的专业能力得到大幅度提升,为国内外参观团做杨柳青年画展示课百余节。如,高磊老师受邀到新疆于田做年画展示课并做专题报告;孙静老师在全国首届和谐杯"七说说课"大赛中,以杨柳青年画《连有余利》为题,向专家评委展示杨柳青年画的教学技艺,最终荣获美术学科一等奖。在天津市校本课程资源开发成果展示交流中,做杨柳青年画示范课。

在西青区,杨柳青年画课更是堪称典范。学校教师《走进新课改中的杨柳青年画》《杨柳青年画教学中的探索》等十余篇论文获得国家级、市区级奖项。为使杨柳青年画更具辐射力、影响力,学校还将《杨柳青年画校本课程的开发与实践研究》立项为天津市教育学会"十二五"教育科研规划课题并顺利结题。

3. 学校的特色发展更加鲜明,起到了示范辐射作用

孙静老师在到天津市西青区杨柳青镇第二小学交流的两年时间里,将我校研究的杨柳青年画教学方法带入课堂:一年级学生使用水彩笔平涂的方法

进行绘画,三年级学生以蜡笔水彩相结合的方法来画年画,五年级的孩子采用传统画法,学生们都画得有模有样。这些成果让孙静老师信心大增,又组织成立了杨柳青年画社团,传授杨柳青年画知识,并将杨柳青年画融入德育教育之中。通过实践,让杨柳青二小的学生不仅会画年画,而且越来越喜欢年画。

杨柳青年画是学校"1+X"多彩教育课程的重要组成部分,同时也成为学校课程体系的亮点。年画社的学生们先后接待了全国各地众多教育团体,他们以精彩的表演、精湛的画技赢得了来宾们的交口称赞。在 2013 年 9 月"中国杨柳青木版年画节"开幕式上,年画社的学生现场彩绘年画,成为开幕式的一大亮点,吸引众多国内外参会人员驻足观看,大家啧啧称赞。2018 年初,中国教育电视台《传承的力量》首站就来到学校拍摄年画传承活动,并在春节期间进行了播放。2018 年 4 月,学校师生代表受邀参访白俄罗斯驻华大使馆,并向他们赠送了学生的年画作品。天津电视台、西青电视台多次对我校的杨柳青年画传承工作进行报道,《人民日报》《光明日报》《天津日报》《农民日报》《今晚报》《天津教育报》等媒体多次报道学校年画传承教育成果。

2011 年学校被中华人民共和国教育部命名为首批"全国中小学中华优秀文化艺术传承学校",2014 年学校被中国教育学会授予"传统文化进校园"首批试点校。2019 年学校杨柳青年画特色课程研发团队被评为全国巾帼文明岗。2020 年学校被授予天津市三八红旗集体荣誉等。

(二)反思与展望

学校在杨柳青年画校本课程的开发与实施中收获了一些成果,但是存在一些问题:一是学生校外体验不足。尽管学校一直在为学生们搭建展示和学习的平台,但是出于安全考虑,对学生集体的参观和学习体验活动安排较少,切实的体验时间相对不足。二是木板雕刻技术难以涉及。杨柳青年画的优势和特色在于其木板雕刻工艺,但是鉴于条件和能力有限,一时还难以深入杨柳青年画的关键之处。

学校今后将广泛建立校外活动基地(如天津博物馆、天津民俗博物馆、杨柳青玉成号画庄等),力争使学生能够在参观、交流、感悟中开阔眼界,为更好传承我国的优秀文化打下坚实的基础。

费孝通先生曾言:"各美其美、美人之美、美美与共、天下大同。"西青区实验小学一直以发扬中华民族优秀传统文化之"美"为己任,继续坚持本土特色,将传统文化与现代精髓相结合,不断为传统艺术课程注入新的活力,努力为每一名学生打造一个"环境'美'、课堂'美'""活动'美'"的艺术圣地,让中华民族传统优秀传统文化艺术之美在西青区实验小学的土地上生根、发芽,绽放出美丽的花朵!

项目组负责人:李祖华

项目组成员:孙静、赵群、高磊、方荣、杨振华

浅谈小学高段叛逆期的表现
成因及解决策略

于建军

青春期是指从童年期向青年期过渡的时期,是人生长发育过程中一个特定的阶段。在心理学和社会学的术语中,一般将青春期定义为:开始于发身期,终止于成年期的这段时期。这是一个十分特殊而又非常重要的时期。说它特殊,因为此期间所发生的一系列生理和心理的剧烈变化,在以前的阶段中从未经历过;说它重要,因为这个时期所发生的变化,引出的矛盾和问题,如果得不到正确的、及时的帮助和解决,将会影响到一个人今后的发展,甚至会影响到一生,"青春期"的最明显表现便是叛逆。

这个时期的孩子对家长和其他教育工作者心存对抗。他们内心懂得按照大人的意愿做事的合理性,但他们却有意违抗父母的意志,你叫他这样,他偏不这样,非要闹"独立",常表现为任性,只在乎和父母对抗时的快感,看见父母、老师生气伤心,自己反而高兴。其实孩子的叛逆,实则是青春期这一特殊的年龄阶段所带来的必然"果实",作为家长,如果能看清问题的实质,就不必觉得如狼似虎般可怕,应试着了解这个时期孩子的特点、心态,与孩子共同面对青春期。

教育处在青春叛逆期的孩子是件很棘手的事,打骂不行,因为打骂只能增加孩子的对抗情绪和叛逆心理;说教又被孩子当成"耳旁风";放任不管更是不行,因为孩子并不成熟的个性和主见,如果不加约束的话,难保他们不会出现行为偏差甚至滑向歧途。

"家有'逆子'怎么办"成了困扰父母的难题。当我们发现许多传统的教育方式已不能见效,不妨换一种心态,换一种方法,那就是肯定、接受孩子的叛逆。

正确认识和接受孩子的叛逆作为家长,要尽早了解孩子出现的生理和心理上的变化,认识到他们出现的这些变化不是什么大问题,坦然接受这种变化,尊重孩子的心理发展规律,改进自己对孩子的教育方式,学会站在孩子的角度和立场上和他们倾心交谈。

一、叛逆逆反心理产生的根本原因

(一)逆反是生理成熟、思维能力提高的表现

随着青春期的到来,生理和心理的逐步发育成熟,孩子的思维水平有所提高,变得更聪明了,这才有了和家长老师对抗的资本,不再对家长老师言听计从。

(二)叛逆是自我同一性发展的需要

同一性的建立对一个人的一生的发展非常重要,叛逆是孩子探索自我、建立自我同一性的一种途径。所谓自我同一性是指个体尝试把与自己有关的各个方面联系起来,形成一个自己决定的、协调一致的、不同于他人的自我,如果孩子一直不叛逆,很听话,这样的孩子往往未来会缺乏主见,容易盲从,无法应对挑战,容易丧失目标和信心。

(三)叛逆是不良情绪发泄的途径

脑部发育的不均衡使得青春期的孩子容易产生情绪问题,他们面对更大的成长压力,在自我同一性的探索过程中会经历自我怀疑、混乱、矛盾与冲突。因此叛逆是孩子疏导不良情绪、保持心理健康的一种重要方式。

(四)叛逆是对人际关系调整的一种适应

进入青春期,孩子开始和父母疏远,更多是喜欢与同伴相处,亲子关系的变化,独立自主取代依恋在青春期顺利完成,孩子在将来是否能够良好地适应社会,青春期的叛逆起了非常重要的作用。

(五)叛逆是不良家庭教育的产物

父母是孩子的第一任老师,家长的一言一行对孩子有潜移默化的影响,

家庭教育的缺陷使得孩子在青春期更容易出现叛逆的情况。

二、叛逆期逆反心理的主要表现

一是不喜欢听取别人的意见,甚至会大声反驳别人的意见和看法,往往会坚持己见,以此来表达自己的主观和独立意识。

二是不喜欢按照别人说的去做,对于父母提出的要求会不加思索的抵抗。

三是认为绝大多数规章制度都是不合理的,应该修改甚至彻底废除。

四是如果父母再三叮嘱同一件事会使他感到反感甚至厌烦,出现过激行为。

五是对于那些与老师对着干的同学大加赞赏,嘲笑甚至讥讽那些成绩优秀或进步的同学。

六是一旦决定做某件事,不管别人怎样劝阻也不会改变主意;越是不让他做的事,就越要去做。反正就是和你"对着干"。

三、叛逆期逆反心理的解决策略

(一)逆反心理是学生处在青少年时期一个正常的心理特征

不要认为学生平时的一些叛逆行为有意跟自己过不去,甚至认为是思想品德问题。其实只要家长、老师全心全意,能平和地与学生交流对事物的看法,动之以情,晓之以理,学生一时的逆反心理是可以逐步消失的。

(二)平等的方式是消除逆反心理的主要手段

老师、家长在教育孩子的时候要充分尊重他们,多以平等、友好的态度与之谈心,决不能专制独裁。要给予他们足够的时间去思考;不要给他们太多的责备,要看到孩子的成长,尊重孩子的自尊心;与他们建立一种亲密平等的朋友关系,

(三)家庭教育的重要作用

从叛逆心理的成因看,家庭教育的缺陷是很主要的一个方面,因此学校的教育工作也要结合家长的家庭教育,多与家长沟通和联系,互相了解学生在学校家庭中的表现,及时给予鼓励和表扬,适当地指出不足之处,提出希望

加以引导,这样孩子便乐于接受教育并且能朝着学校家长所期望的方向健康成长。父母需要受到孩子的尊重,如果发现子女出现了某些问题需要加以引导而又不便直接谈话的时候,引导孩子观看有关的电影、电视剧等,有意识地就一些问题发表自己的意见。

（四）教师与学生交流

一方面要好好聆听,成人与孩子的观点不同。成人眼中的小问题在孩子的眼中可能是大问题,不妨认真听完他们的话再发表自己的意见。另一方面,要了解学生的感受。多与学生谈一些他们关心的问题,站在他们的角度上看问题,有意识地谈出自己的观点,帮助学生解决困惑。这样能真正达到与学生的心相连,心相通,叛逆心理就自然而然地消失了。

教师一定要针对学生的心理特点进行教育,让教育与学生的心理相匹配。这就要求教师在了解学生心理特点的情况下,对症下药,采取多种方法,转变学生的不良心理,使学生的不良心理得到控制,转化为前进的动力。实践证明,在青春期常见的逆反心理经过合理的调适、疏导,会得到有效的控制和转化,有利于青少年学生形成健康心理、健全人格。

以"无为而治"为终极目标的
班级管理策略的运用

杜云鹏

　　班级是孩子们成长的载体,文化品位是孩子们共同的追求,班主任的带班策略将直接影响孩子的价值追求和审美情趣,对孩子未来的发展至关重要。笔者从事班主任工作已经五年的时间,现结合自身专业特点和对学生的充分分析,以"无为而治"的终极目标作为自己带班育人的重要方略。

　　"无为而治"出自《道德经》,是道家的治国理念。老子认为:"我无为,而民自化;我好静,而民自正;我无事,而民自富;我无欲,而民自朴。"而且强调"无为无不为"。

　　"无为而治"在班级管理上并不是什么也不做,而是通过老师"言传身教",不过多地干预学生的思想,充分发挥学生的创造力,做到自我实现,走向精彩与发展,从而缔造精彩的童年生活。

　　笔者一直从事小学高年级班主任及教学工作,教学对象年龄大,自我意识强,因此这样的思想会更容易影响学生。在具体的班级管理中,笔者主要用几个"有所为"的具体策略力争达到"无为而治"的班级管理。

一、同筑班级精神文化有所为

　　我是一名85后班主任,作为班级的全面负责人,我深知精神文化建设对一个班级、一个学生要影响作用。精神文化建设是班级文化建设的最高境界。以所带的第一个班"魅力一班"为例。在学校"多彩教育"理念引领下,在广泛了解和分析班级成员的基础上,笔者确定了在班级中开展"魅力文化"的建设。

笔者将魅力植根在班级的精神文化中,将魅力的内涵注入每个学生的心灵,力争打造一个气质出众、具有非凡魅力的班级。

(一)制定符合班级特点的班训、班风、口号

我根据班级实际,综合学生愿景,制定了"魅力雅韵"的特色班名,在班级全体成员协商和投票的基础上,制定了"文明、阳光、高雅、大气"的班训,树立了"团结、友爱、自尊、自强"的班风,确定了"魅力一班、气韵雅致、携梦翱翔、铸就辉煌"的班级口号。

(二)选择积极向上,孩子喜欢的班歌

在班歌的选择上,我结合自身特点和社会热点,摒弃自主创作的局限性,选择了《一人一梦》这首歌。

(三)制定代表班级形象的班级名片

班级名片是班级的象征,共同信仰来源对班级全体成员的认可。班级名片上有班训、班风、班级口号,还有教师和学生的照片,并且中间以心形装饰物连接,寓意全班心连心。

二、同构班级环境文化有所为

一个班级,环境文化是班级文化的皮肤,它外显着一个班级的方方面面。苏霍姆林斯基曾说:"无论是种植花草树木,还是悬挂图片和标语,或是利用襁褓,我们都将从审美的高度深入规划,以便挖掘潜移默化的育人功能,并最终连学校的墙壁也在说话的远大目标。"

(一)尊重学校共有环境建设

班级文化建设的目的是为了学生的成长与发展,追求个性的同时也要学会尊重。每个学校都有属于自己的环境设计,因此,要和学生们将共同的环境精心设计好,装扮出符合自己班级特色的环境。

(二)围绕班级特色建立个性环境文化

班级空着的墙壁就可以是班主任发展的空间。我在班级内侧墙壁上就

粘贴了"不必仰望别人,自己亦是风景"的装饰画,还粘贴了"数字差距图""今天你在哪一步"等。随着时间的推移,学生们已不满足现有的购买墙贴。学生用自己的画作、毛笔挂轴书写"班名""班级口号"等悬挂于墙壁上。

(三)师生共同设计班级外墙

我们在学校的支持下,创立了班级"魅力文化墙"。内容包括"班级手绘多彩之星""班级优秀作品展示""班级介绍"等栏目。学生们每半个月更新内容,在每次的准备和更新中,感受着班级发展带给他们的荣耀。

三、同选班级组织文化有所为

一个班的集体面貌如何,主要由"小干部"决定。"小干部"对班集体有着以点带面的作用。我称他们为"我的眼、我的手"。

在班干部评选任用上,我有 85 后的"小任性"。每一名参选班干部都要经历自主申报、民主测评、脱稿演讲、班级投票、实习观察五个阶段,全部通过后,才可正式佩戴标志,成为班级小干部。此外,学生要想得到自身良好的发展,不能总在一个岗位,要全面发展,因此,我的班干部实行岗位轮换任期制,半学期为一任,每年 3 月和 9 月为改选轮换期。这保证了班干部队伍的优质性与孩子们的全面发展性。

为调动大家为集体服务的积极性,我设置了多种职务,尽量让大多数学生以各种角色活跃于班集体管理的位置上。比如,图书管理员、绿植养护师、黑板美容师等。

班干部队伍在我的培养和锻炼下,在制度选拔和民主监督约束下,形成了一支"管理能力强、人际关系好、综合素质高"的班干部队伍。

班干部的培养和成长带动了班级的良性发展,班干部在询问全体同学的基础上制定了班级"卫生责任表",分工明确、管理清晰,每天的班级卫生俱佳,每次的大扫除速度快、质量高,全班配合,和谐向上。另外,他们在分析了全体同学和咨询了各科任老师后,和我一起制定了学科合作小组,力争通过合作探究打造良好班级学习氛围。

四、同建班级活动文化有所为

一个班级的良好发展离不开活动的支撑。而活动文化的建设往往要有学校和班主任的共同参与。我在这方面也要通过自己的"作为"打造班级活动文化。

（一）学校活动基本保证

学生在保证学习质量的同时，班主任一定要积极让孩子们参与学校的活动中来，通过学校组织开展各种内容广泛、形式多样的活动，参与竞争，提高学生思想修养，培养他们的学习习惯和学习兴趣，促进学生的自主参与，促进学生之间彼此尊重理解和相互协作，增进彼此友谊，进而升华为集体感情。

（二）开创班级特色活动

特色活动孩子们往往积极性更强，也是突出班级个性文化的重要表现形式。我以班级为载体，创立了校园"绮梦剧社"，以"课本剧和情景剧表演"为核心，锻炼孩子们的阅读、创编、协作等能力。几年以来，荣誉颇丰。

（三）紧跟国家教育步伐，开设少先队活动课

少先队活动课有别于一班的班会和队会，新颖的形式，全体参与的方式能激发学生们的热情。他们在活动中习得了知识，体验了团结，受到了启发。我班的《学习中国汉字，传承中国文化》的活动课被收录在《天津市少先队活动课优秀案例集》中，并被评为天津市少先队优秀活动课。

五、同营班级网络文化有所为

作为 85 后班主任，我也对网络情有独钟，也将网络引入到班级文化建设中。每接手一个班级，我都会建立班级 QQ 群，班级成员资源添加，为上网的同学搭建了交流的平台，也通过这一方式规范班级成员上网习惯。此外，我还利用 QQ 和微信添加了所有家长，方便家校及时沟通。我班还有自己的班级网页，班级新闻、通知公告、家长课堂、学生天地等栏目为家长和学生创造了更好了解班级的途径。我个人也有自己的教育博客，利用博客发布一些自己的教育感悟和教学趣事，也会配合 QQ 空间将孩子们的精彩照片及时向家

长和孩子们分享。我在课下给家长和学生们营造良好的班级网络环境。

六、关注细节体现关爱有所为

要想实现"无为",除了以上几方面的努力,还要从细节着手,真正打动学生们的内心。每次接班,我都会查询孩子们的学籍卡,将每个学生的生日整理记录,从网上购买了"小卡片",他们生日当天,都会收到我亲笔写满祝福的卡片。每个月,我还给他们购买生日蛋糕,举办"班级生日会"。此外,我也制作了很多班级个性制品,班级台历、班级磁力扣、班级合影鼠标垫等,让学生在班级里真正感受到团结、友爱。每到毕业前,我也会给每个孩子制作班服,班级荣誉感和自豪感愈加浓郁。

班级管理的终极"无为",需要班主任的事先"有为"。通过一系列的"有为"付出,学生们在各方面取得了优异的成绩,他们能主动参与班级管理,也能自觉地融入班级管理中。迄今为止,我带过的班级在各项活动中都能受到大家的好评,这些成绩,有我的"有所为",更多的是我的"有所为"下孩子们辛苦的付出和他们的"有所为"的创造。"无为"与"有为"的互通,会让班级管理更有质量,更有能量!

水品育人　打造班级"向善"文化

李　芬

多年来学校传承"多彩教育奠基精彩人生"的办学理念,将培养善雅高尚的人作为学生成长目标。基于此,笔者从实践中总结出以"水品育人,打造班级'向善'文化"的带班方略。

水乃至柔之物,却又坚强永恒。老子有云:"上善若水。水善利万物而不争。"水的天性使它滋润万物而不与其相争,是人的"向善"品行的最高楷模。"向善"就是观水之品格,学水之内在,向学生慢慢渗透"善"之心,培育"善"之行,打造班级"向善"文化。

一曰:水有公正之美——制度塑人　搭建"向善"平台

水不戚戚于贫贱,不汲汲于富贵,不管置于瓷碗还是置于金碗,均一视同仁,而且器歪水不歪,物斜水不斜,是谓"公正"。

完善的制度促公正

每次面对一个新的班级,我都会给每个孩子发一张"积分卡",与他们一起共商积分管理细则,所有"善行善举"双倍积分。个人也和小组相结合,一荣俱荣一损俱损,互相促进,每月评出明星小组和美德之星给予奖励,以此引导学生关注细节,与人为善,锻造品质,营造班级如水般清澈而公正的氛围。

科技化平台护公正

科学技术日新月异,班级管理应借助先进的信息技术为公正护航。请您关注我们黑板右下角的这个分贝仪,其实时显示的指数就是积分管理细则中对是否喧哗最客观而公正的评价,这样的公正也减少了纪律委员维护纪律的压力,避免了班干部因维持纪律与同学发生不快,引导全班友善相处。此外,班干部实行任期轮换制,每天的流动纪律委员和值周班长都将借助电脑随机点名产生。学生们不仅掌握了规则,还将科技创新的种子植根于心。

二曰:水有无痕之美——无声育人 滋养"向善"心灵

水没有固定形状,随容器之形而形;没有丁点气味,随溶质之味而味;没有任何颜色,随融物之色而色。不论如何变化,润物无声,滋养万物,孕育人类文明,是谓无痕。

作为语文老师,发挥祖国文字的无穷力量,是我的责任。汉字,它似水,虽无声,却最能滋润人的心灵。

"藏头诗"

幻灯片上的每首诗,是我给学生们的"见面礼"。从我知道教哪个班起,由他们名字创作的"藏头诗"便是我最重要的工作。开学初,我便将他们伴随着我的点名发给每个孩子。他们对此小诗的惊讶和珍惜真是我的"小确幸"。我相信这些带着他们美好寓意的"小诗"会根植于他们内心,影响其一言一行,助力其向"善"品质。

及时的"作业评语"

作为班主任,锐利的眼光,及时的反馈才能起到事半功倍的育人效果。

我充分利用作业这一平台,或对学生近期表现进行表扬,或委婉指出不足,或对一些事情发表看法,将评语与点点滴滴相结合,以无声的方式在我和学生之间创设了情感沟通的心理效应场,促使孩子们自我矫正,潜移默化引导学生向更好的方向发展。

水之柔,无外力作用,狂风袭来,暴风骤雨。孩子们的情绪就如狂风,能使水面变化无常。班级情绪小信箱的设立,能解同学心之不快,能疏同学脑之误解,情绪问题有了解决途径,同学关系和善了。

三曰:水有齐心之美——共进励人　助力"向善"活动

水的凝聚力极强,一旦融为一体,就犹如坚冰,荣辱与共,生死相依,朝着共同的方向义无反顾,是谓齐心。

一次生动的活动胜过一千句空洞的说教,活出精彩,动静相依,凝神聚力,善行之机。依托语文课的课本剧展示活动,养德行学做人;因沉迷手机游戏而专设的"网络对青少年的利与弊"的辩论会,通过激辩,学会适度;激情澎湃的运动会,感受运动的无限魅力;长绳比赛,不断练习,配合完美……

向上向善好少年,隆重仪式显神圣。为了更好激发大家参与班级事务的热情,我设立了隆重的颁奖仪式,有突出的美德少年表彰仪式,有乐于为集体贡献自己力量的"给你点一个大大的赞"的表彰仪式。而班级定制的特色班帽、班级台历、班级钥匙扣、特色文具更是独树一帜,荣誉感爆棚。从为小组努力提高分数的小组意识,到为班集体贡献力量的团队思想,从对评比结果的物质追求到自觉行动,一滴滴小水滴逐渐汇聚起来,形成班级强大的凝聚力,有了"穿石"的力量。

涓涓细流汇成大海,大道向善水到渠成。短短几年,我所带班级氛围积极和谐,学生心灵健康向"善"。语数外成绩比翼齐飞,朗诵、作文、钢琴、跆拳道……全面开花、多彩绽放,我本人也在一些班主任赛事中获益良多。

但这所有的一切都抵不过我外出学习一周后的惊喜,都抵不过孩子们对我的生日祝福,都抵不过这一份份小礼物和我一张张特殊的"请假条",更抵不过家长们发自内心的理解和支持!

我庆幸学会了用向善的眼光对到学生;我庆幸和他们一起学水之静,学水之韧,学水之善;我庆幸学生们保持了纯真、善良的美好品质。

带班是一门慢艺术,我和我的班将继续如水那般,在有形中孕育无形,在柔美中展现刚强,在平凡中体味博大。

从心理健康角度解析校园霸凌的原因

李　琼

近年来校园霸凌事件时有发生,所谓校园霸凌是指同学间欺负弱小及敲诈勒索的行为等,校园霸凌多发生在中小学,由于很多国家实行的是九年制义务教育,受害者会长期受到欺凌。在欺凌过程中,欺凌者会对受害者构成心理问题,影响健康,甚至影响人格发展。校园霸凌多发生在学校校园内、学生上学或放学途中、学校的教育活动中,由老师、同学或校外人员,蓄意滥用语言、躯体力量、网络、器械等,针对师生的生理、心理、名誉、权利、财产等实施的达到某种程度的侵害行为,都算作校园霸凌。

纵观这些暴力事件,不难发现无论是施暴者还是受害者,未成年人占了大多数。其中,大部分人还是在校学生。那么到底是什么原因让这些花季少年的孩子们会出现在这些暴力事件中呢? 笔者认为:一是家庭教育不当催生校园霸凌。曾有教育专家指出,每个人的健康成长都与家庭教育密不可分,溺爱,专制,放任等不当的家庭教育方式是导致校园霸凌的首要原因。溺爱型指家长过分宠爱孩子,导致孩子变得霸道,任何事都要以自己为中心。专制型指家长过于自我,总是把自己的意愿强加孩子身上,不给他自由的空间,在这样环境成长起来的孩子往往心情压抑,处事极端。放任型指,家长放任孩子的行为,不加以管教引导,孩子不懂如何和同学相处,用简单暴力的方式回应。二是社会不良因素及网络的影响。由于网络的普及,学生接触网络的机会大大增加,而网络上出现的一些不良画面甚至视频会误导学生的健康成长。

产生校园霸凌的心理诱因又是什么呢？经过调查分析，笔者认为有以下几种可能：

一、长期暴露于暴力环境之下

如果儿童长期处于暴力环境下，会使儿童逐渐认同暴力中施暴者，阻碍儿童的道德发展，还会使儿童对暴力表现出病态的适应等。目睹父母亲使用暴力的儿童，不仅看到了暴力行为，而且也能观察到暴力发生的环境，暴力的情绪和暴力的后果。这些观察对儿童行为的影响非常重大。孩子会复制，模仿家庭处理问题的方式，从家长身上"学习"暴力，这种情况最常见。

二、万千宠爱集一身的价值取向错觉

随着独生子女的出现，"4+2+1"的家庭结构形式，使一个孩子处于六个成年人浓浓关爱的包围中。这六份关爱的交汇，织成了一张厚重而温柔的网，呵护起孩子从童年到青年的一切，遮挡住孩子可能遭受的挫折和坎坷。孩子的要求，无论是对的还是错的，多数情况下，总会获得满足。于是，他们把这种错觉带入了和同学交往的过程中，矛盾自然也就产生了。

三、性格因素

一些易怒、粗心大意和容易冲动的儿童，在生活中往往具有暴力倾向。对于这些儿童，父母最先的反应通常是愤怒和敌意，接下来又会去试图抚慰孩子，这样就导致了一种矛盾。如果儿童认为世界充满了敌意和矛盾，那么他将会忽视社会规范而自行其是。

少年儿童不得不去应付许多人际的，个人的和环境的压力。他们往往以攻击的行为方式来应对这些压力。如果没有人帮助他们学会控制这些行为，同时学校和家庭也缺乏良好的教育环境，那么，这些富有攻击性，爱冲动行事的儿童，就有可能发展成为具有反社会行为的，参与犯罪的青少年。

校园霸凌对于施暴者来说，长期处在通过暴力来解决问题的环境中，长此以往,终会导致暴力犯罪。而对于受害者来说,会构成心理问题,影响健康,甚至影响人格发展。那么家长和学校如何防止暴力的发生呢? 笔者认为有以下几点:

一、避免孩子暴露于暴力环境之下

每位家长做好榜样,减少用暴力解决问题的方式。父母尽量减少在孩子面前争吵甚至动手,要营造轻松和谐,充满爱意与温情的家庭氛围。

二、不要溺爱并纵容孩子的不当行为

如果孩子在与他人相处的时候,出现对他人的言语攻击甚至人身攻击的时候,应及时纠正。"勿以恶小而为之",家长不要因为小事就认为可以置之不理,长此以往,一旦小事积累到一定程度,后果不堪设想。

三、家长应与孩子多沟通

家长不仅要关心孩子的生活和学习情况,更要时刻关注孩子的内向需求。善于发现孩子的内心疑惑与问题;多听听他的观点与看法;鼓励孩子发表自己的观点;聆听孩子的真实想法。同时不要让孩子以暴力的方式去解决问题。

四、鼓励孩子勇敢面对

如果孩子遭遇到校园霸凌事件,害怕去上学,家长应该对孩子进行开导,不要害怕,更不要自卑,家长和老师是孩子的坚强后盾,不要向校园霸凌屈服。在必要时可以向专业人士寻求帮助。

除了老师和家长的帮助,有效的法律也是遏制校园霸凌的必要手段,大多数研究者都认为,学生对上学感到厌倦是欺凌弱小的先兆,学校应该开展丰富多彩的学生活动。教孩子如何积极参加社交活动而非仅仅做一个旁观者,是解决这个问题的另一个有效途径。

减少校园霸凌发生的根本原因,我认为应该从小事做起,从孩子形成正

确的人生观、价值观做起,给孩子树立正确的人生观,在孩子出现问题是,及时给予正确的指导,避免走入误区,多了解孩子的内心,只有心理健康、阳光的孩子,才能有一个美好的童年。

小学数学教学中学生学习积极性不高的
因素及对策

刘　青

　　兴趣是最好的老师。布鲁纳曾说："学习最好的刺激是对学习材料发生兴趣,兴趣是一种独特的意识倾向,也是动机产生的关键因素。"随着新课程改革的不断推进,教师的教学观念得到了有效转变,各种新型的课堂教学方式不断涌现,在一定程度上提升了课堂教学的效果。由于传统教学观念的影响,教师始终处于课堂教学的主体地位,学生处于被动接受知识的状态,忽视了学生学习的积极性,严重制约了学生数学成绩和课堂教学效果。因此,深入研究小学数学教学中学生学习积极性不高的因素,总结具有针对性的应对策略,这对新课改形势下小学数学课堂教学质量的提升和促进学生全面健康发展具有重要意义。

一、小学数学教学中增强学生学习积极性的重要性

　　众多周知,小学数学学科具有逻辑性、系统性和抽样性的显著特征,尽管小学生的好奇心较强,对陌生事物有着用不完的精力,但是他们的想象能力和理解能力不强,难以准确理解和掌握小学数学的全部内容,因此,如今小学数学教学中存在着不可忽视的矛盾,也就是数学学科特征和小学生特点之间的矛盾。因此,在小学数学实际教学工作中,小学数学教师要充分利用小学生好奇心强的特点,注重培养学生学习数学的兴趣,不断激发学生的学习欲望和学习热情,促使学生积极主动地参与数学学习活动中来,为数学教学和

学习过程中难题的解决创造良好的条件。与此同时,增强学生学习数学的积极性,可以促使数学水平较差的学生提高自身的学习成绩,并增强学习数学的信心,从而有效解决数学学习中的难题,并养成良好的学习习惯,对提升小学数学课堂教学效果和学生的数学成绩具有积极作用,有利于促进小学生的全面健康发展。

二、小学数学教学中学生学习积极性不高的因素

1. 学生自身积极性不高

随着互联网信息技术的快速发展和普及,为我们的生产生活带来了极大的便利,但同时也带来了一定的负面影响。在实际的学习过程中,学生遇到难题首先想到的不是自己思考问题,而是通过手机和电脑在网上搜索答案,这样学生的独立思考和解决问题的能力就得不到培养和提升,长期下去,学生独立思考问题的能力就会日益变差。此外,学生作业量大也是导致学生学习积极性不高的一大因素,小学是人们学习的初期阶段,小学生的思维方式还没有形成,解决问题的能力也有待培养。而数学学科的抽象性较强,对小学生的思维能力和理解能力提出了很大的挑战,学生学起来相对吃力。学生不仅要理解和掌握课堂上学习的知识,在课后还要加强训练以巩固学过的内容,作业的完成在很大程度上会提升学生对课堂知识的理解程度,从而达到掌握的目的。然而学生的课余时间被大量的作业占据着,大部分学生会产生不同程度的反感,从而造成学生学习积极性不高。

2. 教师教学方式落后和学校管理体制陈旧

随着素质教育理念的不断普及和应用,教师应该采取多元化的教学模式,根据小学生的实际特征和学习情况,因材施教,采取个性化的教学方式开展教学活动,有针对性地提升学生学习的积极性和学习成绩。由于受到传统教学理念和教学方式的影响,大部分老师还是习惯于采取传统的教学模式教学,甚至一些教师的教案十几年都是不变的,无法满足新时代的教学需求。随着互联网信息技术的普及,大部分家庭都接入了互联网,学生接触网络的频率也在日益提升,获取知识的渠道也在不断拓宽。因此学校和教师要积极

应用互联网信息技术,引进先进的多媒体教学设备,促使传统教学模式和多媒体教学方式的融合,逐步形成新的教学体系。

3. 社会的关注过于片面

长期在应试教学的背景下,学生、家长和学校非常重视学生的考试成绩,却忽视了学生独立思考能力和数学思维能力的培养。在"唯分数论"的形式下,学生学习的目的越来越"功利化",通常达不到真正的教学要求和目的,难以取得良好的教学效果。此外,教师和家长过度重视分数,却忽视了学生学习兴趣的培养,不利于素质教育的正常开展,严重阻碍着学生的全面发展。

三、应对策略

1. 创新教学模式,增强学生学习的积极性

小学数学教师根据学生实际的学习情况,积极创新教学模式,注重学生学习兴趣的培养和增强。随着信息化技术的普及和应用,多媒体等现代教学模式逐步走进了课堂,多媒体技术能够促使课堂教学更加形象生动,有利于学生理解和掌握抽象的数学知识。多媒体教学模式革新了传统"黑板 + 粉笔"的授课模式,新型的声音、图片和动画更能吸引学生的注意力,也有利于学生学习数学积极性的提升。针对一些学生难以理解的问题,多媒体教学模式可以促使其变得更加形象具体,易于学生接受。此外,也可以将情境教学法、游戏教学法等新型的教学模式引入到小学数学的课堂教学中来,从而不断培养学生学习数学的兴趣。在课堂练习和作业的选择方面,小学数学教师要尽可能地选择和实际生活密切相关的题目,这样能够促使学生将课堂上学习的知识应用到实际生活中,还增强了学生完成作业的积极性和主动性,锻炼了学生独立思考和解决问题的能力,有利于学生准确理解和掌握课堂上学习的知识,从而提升小学数学的教学效率和效果。

2. 将趣味小竞赛引入课堂

将趣味小竞赛引入课堂能够为平时的课堂教学增添趣味,有效激发学生学习数学的欲望和兴趣,充分利用小学生的好奇心,不断拓展数学知识面,为学生良好学习习惯的养成创造条件。小学数学教师可以根据实际情况在课

堂上开展小竞赛或者组织小游戏,给予表现好的同学一定的奖励,在此过程中学生的注意力会高度集中,全力思考老师提出的问题,有利于培养学生学习数学的信心,课堂教学效率和学生的学习效果会得到明显提升。趣味学习活动是激发学生学习兴趣的良好平台,针对老师提出的问题,学生们可以自由选择,几个同学组成一个团队共同探讨问题,在此过程中不仅发挥了学生的特征,还培养和增强了他们合作解决问题的能力,有利于学生未来的成长和发展。与此同时,教师在选题时,要尽可能地选择和教学内容密切相关且具有学习和讨论价值的题目,提前做好科学合理的计划,最大限度地发挥兴趣小组的积极作用。在趣味小竞赛分组时,要注重分组的科学性和合理性,力争让全部学生都能够发挥出各自的优势,实现共同成长和提高。趣味小竞赛活动结束以后,要及时地组织学生总结,并科学地评价学生的成果,让学生认清自身在数学学习中的优点和缺点,从而有针对性的提升自己。

3. 教师要多鼓励和表扬学生

小学生在日常的学习和生活中会非常重视荣誉感,因此,小学数学教师在日常教学和课下与学生沟通的过程中,要不断地鼓励学生,注重学生学习兴趣的培养和增强。教师的肯定在很大程度上影响着学生学习的积极性,教师作为教育教学活动的引导者,对学生的鼓励和肯定是非常重要的。教师在日常的教学中,可以采取多种方式鼓励和表扬学生,比如,针对学习成绩较好的学生给予表扬,针对学习成绩一般的学生给予鼓励,这样可以激励优秀的学生不断进步,更加努力地丰富自身的知识,对于学习成绩一般的而言,鼓励是他们学习的动力,有利于促使其努力学习数学知识,从而提升自身的数学成绩。

四、结论

总而言之,随着新课程改革进程的不断推进,新型的教学方式方法不断涌现,在一定程度上提升了课堂教学效果。但在实际的小学数学教学中,依旧存在着学生自身积极性不高、教师教学方式落后和学校管理体制陈旧、社会的关注过于片面等不良因素,严重制约着学生学习积极性的提升。因此,小学数学教师要不断创新教学模式、积极将趣味小竞赛引入课堂以及多鼓励和表扬学生,努力增强学生学习数学的积极性,提升学生的数学成绩,从而促进其全面健康发展。

小学低年级数学绘画中的美育渗透

何 珍

一、背景思考

数学是一门基础学科,对于小学的学生来说数学绘画的使用更是一种符合学生身心发展规律的重要措施。《国家中长期教育改革和发展规划纲要(2010—2020 年)》中,有这样一句话:"尊重教育规律和学生身心发展规律,为每个学生提供适合的教育。"适合每一个孩子发展的教育,并不等同于"因材施教"或者"儿童中心",它更是一种人本主义教育思想下,对教育目的性和本体性的一种呼唤。

在时代的背景需求下,智育的目标不仅在于发展和充实智能,而且也在于拥有高尚的道德品质。德,在我们的教学中遍布了方方面面。数学是一门跟实际生活紧密相连的学科,所以要让我们数学的美不仅仅是体现在美感上,更要深入到美育之中。

二、理念阐释

人本主义教育思想的核心就是以人为本,达到自我实现。"适合每一个孩子发展的教育"就要适合学生的未来,对于数学教育来说,促进学生的发展最重要的是促进学生思维的发展。

数学绘画思维图是以绘画为主要的形式,作为一种载体,对年龄段在 7 岁至 9 岁的学生,在脑科学的分析下进行的思维个性训练,目的是提升学生学习的技能和分析整合的能力。巴勃罗·毕加索曾说:"我用其一生的时间做的一件事,就是向孩子学习如何作画。"他认为灵感的来源正是孩子所给予的。

美育是指培养学生认识美、爱好美和创造美的能力的教育,也称美感教育或审美教育。我国社会主义学校的美育是为建设社会主义精神文明和培养学生心灵美、行为美服务的。通过美育可以促进学生的德、智、体的发展。它可以提高学生思想,发展学生道德情操;它可以丰富学生知识,发展学生智力;它可以增进人们的身心健康,提高体育运动的质量;它可以鼓舞学生热爱劳动、热爱劳动人民,并进行创造性的劳动。

三、具体方法

(一)数学绘画培养学生的集体主义观念

数学并不是一门枯燥乏味的学科,它实际包含着许多美学因素。古代哲学家、数学家早断言:"哪里有数,哪里就有美。"数学美的特征表现在和谐、对称、秩序、统一等方面。数字就像一个和谐的大家庭,每个成员都有本身的位置和作用,同时也遵循着集体的纪律。

例如:在上"100 以内的加法和减法"的复习课时,在班里尤其是学习相对困难一些的孩子,每节课的知识都是一个小碎片,对于本单元整体的内容感知理解的不深刻。由此我启迪学生,你们个人就像一个个孤立的知识点,你们所处的班集体乃至于整个社会就好比一个知识网,集体的形象与荣誉与你们本身的努力是分不开的,若个人不遵守集体的纪律,不能正确处理个人利益与集体利益的关系,就会像这些知识点一样,游离于集体之外,也就得不到集体的温暖。这样用形象生动的语言将集体主义教育自然地渗透到学生的心田。我从本单元的主题图从发,图中的每一个小情境都能发现一个本单元的数学知识,情境可赋予数以意义,从而使抽象的数成为具体的物体,我将情境图予以动态化,用绘画的方式一步步画出了整个的知识网络。(成果如下图)

（二）数学绘画激发学生的积极创新性

由于数学具有高度的抽象性使很多学生望而生畏。教师就需要研究学生,改进教学方法、创造性地进行教学。我很欣赏柏拉图说过的这样一段话"数学的学习能够激励那些沉睡和不求上进的年轻人,促使他们发展智慧和增强记忆力,甚至取得超越自己天赋的进步。"

例如:在一年级下册"认识图形(二)"的讲授中,孩子们对平行四边形、长方形、正方形、三角形以及圆对其特征理解不是很深刻,而且有的孩子对图形的辨认还是很模糊。我意识到需要引导学生从高度的抽象烦琐呆板的形式走向简洁走向生活实际,而这一过程正是激发学生创造性地学习,激发学习数学的兴趣与欲望,积极上进的过程。我运用绘画让孩子们用图形来想象创作,一个个抽象的图形顿时成了一个个活生生的作品。不仅加深了孩子们对图形特征的认识,还无形当中的渗透了图形的分割与拼组。正如布鲁纳所认为的:学习结构就是学习食物是怎样相互关联的。整个学习的过程,孩子们都在向别人学习,勇于探究,不断创新,追求进步。(成果如下图)

（三）数学绘画培养学生严谨求实的作风

明代科学家徐光启说过"人具上资而意理疏莽,则上资无用;人具中材而心思缜密,则中材有用。能通几何学之道,其于缜密甚矣!"这里所说的中材不在于他对具体的几何定理、性质等方面的知识知道多少,而在于他在几何的学习中,在经历几何题的训练中,接触到或领会到的一些数学思想方法,这些严谨的数学思想方法潜入他的精神世界,不知不觉中提高了他的思维品质,使他心思缜密,所以说是"中材"却比"上资"更易取得成功。

例如:在讲授一年级下册"分类与整理"这部分内容的时候。可以先将全班学生的人物照片放到屏幕上,让学生自己认真地思考怎么来进行分类,并根据思考设计出不同的分类标准,在孩子们不断地交流与征讨中不断总结收获,教师及时的纠正与总结。最后孩子们又运用所学的知识进行了创作,将知识掌握于心。这样的教学,学生不但涵养了数学的眼光,还能自觉地运用了数学思维区讲道理。对比"枚举归纳"的教学设计,有的学生可能只是依葫芦画瓢,教学方法需要再往前走一步,能力的发展需要思维,比格斯曾说:小学儿童数学能力习得的速度,比我们想象的慢得多,他们要通过实际活动才能掌握具体概念,进而学习抽象。在本节课中,最开始的时候有些孩子很难静下心来,很不情愿这种严格训练。我就告诉他们学习数学不仅为升学,为工程技术生产技术而用,更重要的是去掉人们身上的浮气,使人精心、聪慧。尽管我知道要改变一个人要做的工作复杂而多变,但我不会放弃数学教学这个好渠道。(成果如下图)

(四)数学绘画设立矩规范行为习惯

数学可以看成"立规矩,准方圆,谨法度,约尺寸,立权衡,平重轻"。这种思想虽有它的局限性,但是数学的学习对学生的思想意识的提升对行为的规范确实会起到独特的作用。数学的规范性无处不体现,这不单单是一种规则,更是一种品德。俗话说无规矩不成方圆,数学正是这种法则的起源。

例如:在讲授"认识人民币"这一课时,让孩子自己去设计绘画的场景,并且由场景绘制具体的人民币知识。有画商店、图书馆、游乐园、超市,并自己设计情境问题,正如爱因斯坦感叹道:提出一个问题,往往比解决一个问题还要重要。最后全班进行交流购物过程时,那种兴奋的眼神和积极的展示,让课堂顿时活了起来,整堂课教师的思维反而是一直跟着学生的思维走,学生真正的成了实践的主人,感受到了数学的价值。课下我问孩子"为什么你们对人民币的学习那么好?"他们的回答是"学得好,就是单位换算都掌握了啊"。我顺势进行补充并加以教育:"学的好,会换算,主要原因之一是你们对数学的一些定理、法则等能准确掌握并能正确地运用。"(成果如下图)

四、实际效果

本研究是在小学低年级数学课堂中研究并实践的,数学绘画思维图攻破了一些解题障碍,在教学难点上也是有所突破,课堂的氛围也很浓厚。

将数学绘画思维图应用到教学实际当中:一是让学生想学想画,思考兴趣高涨。二是帮孩子们建立知识网络,培养逻辑思维。三是学生学习主动,情感价值观得到提升。四是体会数学的美育,感受到自我的价值。

总而言之,充分利用数学的学科特点,深挖数学教材中所蕴含的德育因素,将绘画思维图的合理利用,进行潜移默化的教育,就能达到德育、智育的双重教育,做到真正的教书育人目的。让每一个学生得到充分的发展,需要教师们去探索和研究,实践是最好的效果反映。

浅谈体育教学中如何培养
小学生的人际交往能力

梁林林

人际交往是《体育与健康课程标准》中心理健康与社会适应课程目标中的一个方面。人际交往是人类社会生活正常进行的内容之一,人的自我健康发展、心理调节、相互沟通、不同层次需要的满足等都与人际交往密切相关。但是通过相关研究发现,目前小学生在人际交往方面存在着许多的困惑,由于家庭、社会等因素,孤单是小学生亟待解决的问题,让小学生学会与人相处,构建和谐的人际关系尤为重要。体育课程由于其区别于其他学科的教学方式和教育特点,形成了师生交往、生生交往互动性较强的教学形式,充分利用体育教学这一特殊的教学领域,可以帮助小学生适应现代社会的发展,同时促进学生的身心健康成长。

一、小学生人际交往特点分析

小学生由于其年龄特点和身心发展特点的特殊性,他们的交往对象较为简单,主要由父母、老师、同伴三种对象组成。同时小学生的人际交往的发展也受这几种对象的影响,例如父母的教育特点、亲子之间的关系、教师的教学方式、教师的评价以及同伴之间的关系等。小学生的人际交往主要是学习、模仿成人之间的交往形式,他们的思想比较简单,交往的动机也较为单纯,也许今天和这位同学是好朋友,明天就会因为某些误会发生口角。这些特性决定了小学生人际交往关系的不稳定性。

二、体育教学对促进小学生人际交往能力的意义

人际交往是生活的基础,正常的人际交往和良好的人际关系对小学生的心理健康发展、学业的成功有着重要的促进作用。体育教学在一定意义上可以称为一个"小社会",这个社会中的竞争性和合作性较多,体育教学活动场地宽阔、活动形式各样、内容丰富多彩,运动时分组和个人自我活动的类型较多,因此同伴之间、个人之间的交往机会频繁,促进了师生之间、生生之间交往的密切性。例如在体育游戏中,学生可以以更直接、更集中的方式相互接触、体验近似与社会上所能遇到的各种情境,例如:竞争、合作、成功、失败、规则等。在体育教学中由于教学内容的不同,导致小学生在活动中所处的地位和所扮演的角色不断变化,这样不仅让小学生人际交往面更加宽广,同时也促进了其人际交往能力的发展。从另一个角度说,如果学生的人际关系能力提高了,同时也会反过来促进其参与体育运动的积极性,与同伴之间的默契提高了,体育教学的开展也会更加顺利了。所以,两者之间的交互作用不容忽视。体育教师应在体育教学中着重培养学生的人际交往能力,帮助学生建立良好和谐的人际关系。

三、体育教学中发展小学生人际交往能力的方法

人际关系在一定程度上反映出学生的心理健康水平和社会适应能力的高低,良好的人际关系需要学生能正确地认识和评价自己对自己以及自己对他人的关系,在能"自我接纳"的同时能"接纳别人",实现和谐的人际交往。体育教师应从以下几方面促进小学生人际交往的提高。

(一)提高自身素养,从正面引导学生

"学高为师,身正为范。"教师的自身行为在很大程度上影响着学生的行为发展,教师应时刻注重自身的行为方式。培养学生的人际交往能力,首先要让自己的人际交往关系起到表率的作用,如提高自己的交往素质、尊重他人、团结同事、平等待人、爱护学生等,时刻给学生做榜样,在潜移默化中引导学生建立良好的人际交往关系。

（二）创设和谐的体育课堂人际交流环境

体育教师不仅需要有较强的专业知识、能力，同时还要有很好地处理和协调人际关系的能力，在课堂上营造一种平等、和谐、积极相处的教学氛围，促使学生共同参与。学生是教学的主体，也是教师教育工作的对象，师生之间、生生之间都应平等相待，真诚相处，互相尊敬彼此才能建立良好的师生、生生关系。体育教学是以在户外开阔环境中的身体练习为主，同时应注重师生情绪的感染作用，只有全体学生共同参与才能达到提高学生心理健康的目的。

（三）转变教学观念，拓宽体育课交际空间

学生的内在发展因素决定了其人际交往能力的高低。在体育教学过程中，教师不仅是知识的传播者，更是学生成长道路上的引路人。在体育教学中应充分体现学生的主体地位，将学生看作教学的核心，同时发挥教师的主导作用，注重观察、了解、分析学生的身体状况和心理活动，并注重个体差异，及时发现教学中的漏洞加以弥补。这些方面与传统的"教学"相比提出了更高的要求。体育教师应从自身的角度出发，摒弃陈旧的教学观念，指导帮助学生建立正常的人际关系，促进学生身心健康发展。

（四）增加与学生交往的机会

教师在教学中应平等对待所有学生，特别是提问、要求、答复、评价等过程中，做到让每个学生都有相等的机会。学生之间个体的差异性，在一定的程度上会给教学带来一些影响，特别是个别差生，教师给予他们的应是更多的耐心和机会，帮助他们解决练习中出现的问题。同时注意发现他们的优点和长处，使其产生成功的体验，提高与他人交往的自信心。

（五）提高教学内容和教学方式的多样性

在体育教学过程中应有意识的选择对学生人际交往有帮助的教学内容和教学方式。首先应选择一些心理健康教育和人际交往教育的基础知识，让学生掌握一定的人际交往常识。其次合理利用合作学习的方法促进人际关系，这就要求师生之间积极配合，提高面对面的互动性。最后，注重体育游戏在体育教学中的比例，这是因为游戏从开始到结束需要靠学生团结互助才能共同完成,这一过程中又充分体现出了竞争性。这就在不知不觉中培养了学生的人际交往能力,增强了团队的合作意识。

(六)开展多种形式的教学评价

教学评价是对学生发展状态的估价,教学目标达成度的评估,由于受到应试教育的影响,目前学校当中还存在着一些弊端。以运动成绩作为体育教学和考核的主要手段,在一定程度上对学生造成了压力,尤其是体育差生,最终会导致他们情绪消极低落。这就给建立良好的师生关系、生生关系构成了威胁。兴趣要比成绩重要,在教学评价方式上,体育教师的评价应占有一定的分量,但除此之外,应重视学生的自我评价和学生之间的相互评价,结合多种评价方式推动良好人际关系的形成。

和谐健康的人际交往是小学生健康向上的一种体现,它可以使学生团结进步,促进学生身心健康发展是学校教育中的最终目标,而学校体育是达成目标的主要方式。

学会在平凡的工作中体验幸福

胡 艳

大家看到过很多感谢老师的诗歌,不论是赞美教师,还是感恩教师,这样的题材很多很多,那是因为教师是人类历史上最古老的职业之一,也是最伟大、最神圣的职业之一。

一、责任心——让教师在给予中感受幸福

某中学班主任用责任心挽救了学生及其母亲的生命。某中学班主任有一天到学校以后,像往常一样,看看学生是不是都到齐了,那天她就发现班里的一位女生没来,她就马上打电话联系,一直打不通,一上午只要有空儿就继续打,发信息,越是联系不上家长,她心里越是焦急不安,她上完了一上午的课,中午饭都没吃,就马上出发去学生家看看,费了很大力气才找着地儿,到那一看,门窗紧闭,怎么叫也没人吱声,就去附近派出所报案,再到学生家破门而入的时候,发现母女俩煤气中毒,已经昏迷了,之后就马上送医院抢救,幸好送医院及时,母女俩平安脱离危险。在这场时间与生命的竞赛中,班主任老师用自己强大的责任心赢回了这母女二人的生命。

二、事业心——让教师在平凡中感受幸福

陶行知先生说:"出世便是破蒙,进棺材才算毕业。"其实就是那句老话,活到老、学到老,过去讲,要给学生一碗水,教师要有一桶水,现在看,这个要

求已经不够了。我们不期望每位老师都成为专家，都出书立传，都拥有较深的理论功底，但是我们必须要脚踏实地地做好教育教学工作。许多老师日常工作中付出很多辛劳，但有时因为没有及时的记录、积累材料、总结提升，几十年宝贵的教育教学经验就被自己埋没了。如果注意积累工作经验、反思工作中出现的问题、不断地提升自己的认知水平，在进行小课题立项的时候，我们不会感到茫然，不知所措；在进行课改大讲堂的时候，我们不会觉得这是负担；在深化课堂模式改革的时候，我们会感谢拥有一个展示自我的平台；在进行经验交流的时候，我们不会东拼西凑，反而顺理成章；在撰写论文的时候，真实案例就会层出不穷。始终要处于学习的状态，站在知识发展的前沿，刻苦钻研、不断充实、拓展、提高自己。

三、爱心——学会在平凡的工作中收获幸福

我在一篇文章中看到一位家长对老师说过一段话，心里很有感触：学生从老师身上要学的东西太多，在老师眼里，学生是您的40分之一，在家长眼里，孩子是他们的100%，是家长们的一片天，是他们全家的所有希望。我自己作为一名学生家长，我在自己的孩子身上看到，在学生眼中，老师很伟大，老师真的可以在平凡中收获幸福。我们孩子高三的班主任姓田，这位老师在高三上学期开学初的时候怀孕了，校领导想照顾她，不让她跟高三毕业班了，田老师当时就拒绝了，她说她舍不得离开自己的学生们，坚持留下，并保证尽职尽责地把学生们送到高考毕业。田老师平时每天早来给班里的学生打水，当学生们知道老师怀孕了，就都偷偷地把水杯藏在书包里，田老师就从她们的包里找水杯，孩子们都很敬重自己的老师。其实老师们自己感受到的职业幸福感，更浓。有家长赠送的锦旗，有家长班级微信圈对老师们的感谢，老师们其实每天都在收获着满满的幸福。

发扬"实验精神" 扬帆破浪立潮头

胡 艳

学校以"多彩教育奠基精彩人生"的办学理念为引领,努力打造一支忠诚党的教育事业的担当有为的党员教师队伍,紧紧围绕"团结协作,勇于争先"的实验精神,引领学校各项工作创新发展。不忘初心,扬帆起航。

一、乘"和谐号",扬起立德树人之帆

学校拥有一支"四有"好老师教师团队,他们守师道、正师表、履师职、铸师魂。通过每月进行不作为不担当警示教育、每学期开展优秀年级组展评、每年定期组织教师签订师德承诺书、廉洁从教自查自纠,每年评选"最美教师",以此弘扬高尚的师德风范,创建风清气正的美丽校园,激励教师以高尚的师德、精湛的业务、丰硕的成果回报社会。

二、乘"民生号",扬起服务群众之帆

学校拥有一支素质高、效率高、服务意识强的教师队伍。他们积极参与校内外公益岗服务,以"忠诚务实"的品格,创先竞进。开展爱心捐助活动,为家庭困难的学生购买衣物、学习用品等。开展爱心接力活动,一帮一困难帮扶。学校设立校门口公益岗和午间楼道护导员,校内学生演出服的洗熨整理、每月一次的校园卫生大清整,定期慰问困难职工、困难学生,走进社区学雷锋志愿和宣传服务活动。

三、乘"堡垒号",扬起担当作为之帆

学校拥有一支永远在路上、责任在肩上的党员干部团队。在党员教师中结合师德师风建设开展五个承诺活动,以"看齐建功"的意志追求,展示先锋表率形象,以落实党员承诺制为载体,引导党员在"履职尽责、关爱学生、为人师表、终身学习、严于律己"五个方面做出承诺,充分发挥"一个党员就是一面旗帜"的先锋模范作用,领航教育教学水平提升。

四、乘"发展号",扬起多彩实验之帆

学校拥有一支以梦为马、不负韶华的青年教师团队。通过开展"不忘初心　砥砺前行""诚心向党　精心育人"等系列主题教育活动,通过开展"党在我心中""践行社会主义核心价值观"师德演讲比赛活动,通过开展"青春是用来奋斗的——让成长看得见"系列活动,以论坛评比、课堂教学大比武、点赞身边的榜样脱口秀、书写基本功技能评比等多种形式,以活动为载体,坚定青年教师理想信念、锤炼高尚品格。

"再踏层峰辟新天,更扬云帆立潮头。"学校将继续发扬"实验精神",以崭新的姿态,阔步前行,跨越赶超,在新的起点上书写新时代的新篇章。

浅谈教师心理健康问题

刘　菲

　　建设一支高素质的教师队伍是提高教育质量的关键,现代的教师在具备丰富的专业知识、创新的教育理念、过硬的信息技术技能以及较强的教育教学能力以外,同时更要注重心理健康。可是,让人出乎意料的是,近年来的不少调查研究显示,教师队伍中普遍存在各种不同程度的心理问题,让人对此不免陷入深思。

一、现状

　　教育是一种精神消耗。研究证实,教师的心理抵抗能力要比学生还弱。教师在很多情况下要比学生更需要进行心理健康方面的辅导。面对心理问题,教师比学生更棘手。已经有很多研究证实了教师心理状况堪忧的现状。如国家中小学心理教育课题组曾经在 2000 年对辽宁省内 168 所城乡中小学的 2292 名教师进行了检测,发现有 51.23% 的教师存在心理方面的问题,其中有 32.18% 的教师属于轻度心理障碍,中度比例达到 16.56%,有 2.49% 达到重度心理障碍;众多研究中更表明教师队伍中尤其是青年教师和男性教师心理健康更加严重,不容乐观。教师的心理不健康,必将影响学生的各项发展,并且教师的心理问题现状的表现是极其复杂的,主要表现在以下几个方面。

1. 心理问题

心理问题主要是教师个体对工作生活现状不能做出正确的分析和排解产生的抑郁和焦虑,更为常见的是抑郁和焦虑之间的交叉变动。心理问题常常会引发不同程度的身体问题。如果教师不及时的采取正确的手段疏导排解,不良情绪积压,很容易引起神经衰弱、焦虑症、抑郁症等病症。

2. 人际关系问题

教师与家人的关系,教师与教师之间关系的处理,教师与学生之间的联系以及教师与家长之间的关系问题,任何一个关系出现问题,如:与同时不能友好相处;与学生不能互相尊重,平等对待;与领导关系不能协调等等,都会引起不定程度的心理问题,孤独、郁闷、无助、焦虑、自卑等。

3. 人格障碍

最近我们常常在新闻中听到:某地区某教师猥亵学生;某地区某教师对学生变态体罚等各种极端的,不正常的行为,这些行为的产生都是因为人格障碍。偏执型、反社会型、分裂型、依赖型、强迫型都是教师常见的人格障碍。

4. 职业倦怠

长期处于一种工作状态得不到缓解;工作压力突然来临而不能采取正确的应对方式。表现为对工作丧失激情,降低工作满意度,厌烦,甚至暴躁。职业倦怠直接带来生理上的疲劳、失眠、头晕等;心理上抑郁、焦虑、烦恼;工作行为上不愿钻研,进而影响自己的工作前途,影响学生学业。

二、意义

教师的心理问题不单单是教师个人的问题,教师的心理问题更是一个关系到社会的问题。通过研究调查了解教师心理问题的现状,并找出应对解决的方法,对教师自身,学生以及全社会都有着极其重要的作用。

1. 个人意义

健康的心理有助于身体的健康,人的身心是存在着密切的关系的,心理健康一定程度上能够增强身体免疫力,降低患病的概率。反之,心理问题能够引发种种身体上的疾病,进而影响我们的工作和学习。同时,健康的心理状况能帮助我们建立健全人格,形成争取的人生观、价值观、教育理念等,帮助我们在工作生活中提高质量。

2. 教育意义

教师对于学生的影响是潜移默化的,非常关键的。由此可知,教师健康的心理状况更能让学生感受到快乐和幸福,能够在教师身上得到更多的关爱。相反,不健康的心理状况为学生身心的发展提供负面的素材,学生不能将正确的问题处理方式作为自己人生行动准则和依据,将会对学生的一生产生不可估的负面影响。其次,心智健全的教师能将工作高效有序地进行,提高教学效率,对教师顺利开展教学工作十分有利。

3. 社会意义

如果没有教师的培养,我们的社会不会出现科学家、文学家、教育家等优秀人才,可见,教师对社会的作用是有重大意义的。所以,教师心理健康问题不只关系到个人和学生,更关系到整个社会的发展。教师的心理健康不及能够增强国家竞争力,同时能够改善整个国家的社会精神风貌,促进社会的发展。因此,教师的心理问题是一个引起普遍关注的问题,而解决教师的心理问题,维护教师的心理健康,对社会、教育和个人都具有重要的意义。

三、对策方法

1. 外在方法

营造好的教师生活的环境,这个环境应包含三个方面,即,社会环境、学校环境和家庭环境。社会形成良好的尊师重道的风貌,让教师塑造良好的职业形象,对于教师心理健康问题的解决有着重要的意义。教师感受到被尊重、被关爱,工作中有成就感和价值感,自然对工作更有激情,避免了职业倦怠这一现象的发生。良好的尊师重道的风貌,也能让家长以及学生与教师建立起一种平等、友好的相处方式,避免了关系危机,影响学生的心情。另一方面,政府采取某种机制,适当提高教师待遇,也能让教师得到社会认同感,心底为社会的发展不遗余力。学校方面建立健全机制,及时鼓励教师上进行为,满足教师的成就动机。时时关注教师心理以及行为上的变化,及时干预疏导,定时开展心理健康教育学习,防患于未然。家庭方面,一个美满幸福的家庭对人格的形成和发展都起到促进作用,当工作中遇到苦难烦恼时,家中配偶或者家人能用一种轻松温馨的环境帮助教师弥补分解,对教师心理健康的发展是十分有利的。

2. 内在方法

(1)强化自我维护意识,掌握自我调节策略

教师首先要学会对自己的情绪进行调整,保持心理上的平衡。教师控制情绪可以从两方面入手:一是从认识上;二是从解决调节方式上。教师应正确地认识自己,了解自己,以及对自己作出正确的评价,承认每个人都是存在差异的。要热爱自己的教育事业,关爱自己的学生,从爱的教育中获得自我安慰与自我实现。保持稳定而积极的心境,让自己乐观、积极、稳定,提高自己的工作效果。

教师要经常内省、学习和实践,树立正确的世界观、人生观和价值观,严格遵守教师职业道德规范,时刻严格要求自己,在遇到冲突时能有效地化解和调解。树立正确的学生观,关爱每一个孩子,经常用鼓励、赞许的方式与学生沟通,在融洽的师生关系中克服对学生产生烦躁情绪和过激行为。

(2)充实自己,丰富心理,健康体魄

经常锻炼身体,保持身体的健康,一定程度上也能释放心里的压力,分散焦虑的心理,提高工作效率。掌握提高自身素质的一些技巧,例如经常记录教学心得、虚心向优秀教师请教、结合自己的专业开展教育教研活动、观摩示范课,扩大知识面,进行自我训练。

作为人类文明的传承者,教师所承担的任务既光荣又十分重要,不仅仅要进行知识的创造以及传播,并且还肩负着下一代塑造的光荣使命,教师是社会道德的实践者,肩负着做好社会楷模的艰巨任务,因此,希望教师们都能用适当的方式维持自己心理的健康,为我们的教育事业贡献出全部的力量。